U0009291

翻轉學

翻轉學

翻轉學

翻轉學

全職存股，
不上班
10萬變1億

日本傳奇股民投資「划算股」，
資產翻千倍的不工作投資術

股千(kabu1000)——著 **張嘉芬**——譯

貯金40万円が株式投資で4億円 ——
元手を1000倍に増やしたボクの投資術

目　錄

目 錄

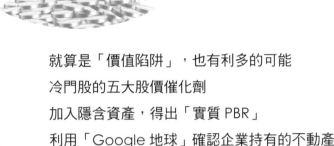

好評推薦

「很多成績優秀的同學進了大學，但作者壓根就從未有過『讀大學』這個選項，僅憑自己對於財報數字的敏銳，以及異於常人的生活投資思維，打造出財務自由的人生。」

—— 大俠武林，《股息 cover 我每一天》作者

「單看股價淨值比的 Net-Net 撿便宜投資法是否可行？當然不是這麼簡單，重要的是還要能有催化劑，作者在書中分享了他的心法，讓你不會落入價值陷阱中！」

—— 陳啟祥，「修正式價值投資」版主

推薦序
找到被低估的個股，邁向財務自由人生

—— 陳詩慧，《我用波段投資法，4 年賺 4 千萬》作者

　　從股千身上看到自己的影子，我和他同樣小時候家境不是很好，小學時都有一段難忘的用勞力賺錢經驗，奠定往後的投資基礎。我也發現，原來夢想是可以自己賺來的。

　　就讀國小四年級時，我去毛巾工廠打工，用勞力換來一輛夢想的紅色淑女腳踏車；股千國小四年級，騎腳踏車買賣紅白機遊戲卡帶賺差價，到處去不同的店尋找低價的遊戲卡帶，再高價轉賣，一天賺到約新台幣 3,500 元。這也成為他操作股市的主要精髓 —— 買低賣高，賺差價。

　　國小學四年級就擁有賺錢的能力，讓我們在往後的人生道路上，不管遇到任何問題，都相信自己可以克服。

　　在投資這條路上，我和他都是採用價值投資法和全額投資。他碰到葛拉漢、我碰到巴菲特，葛拉漢是價值投資法之父，也是巴菲特的老師。

　　我們會全額投資，是因為對自己的選股很有把握，相信按照自己的選股邏輯，一定會成功。因為我們從小資金就開

始投資，經驗與次數，讓我們不斷修正自己的判斷方法。

價值投資法的精髓為「安全邊際」。想像一下，一棟房子價值 1,000 萬元，如今我們卻可以用 700 萬元買到，那有多開心啊！表示我們有 300 萬元的安全邊際，也就是 30% 的獲利。若房子所在地區要蓋高鐵、學校、捷運、百貨公司、公園等，房價就會漲，也就是有未來性。兼具「價值投資」與「成長性」，長期持有、累積，獲利將超乎預期。

股千在書中提到「一個裝有 150 億日元的皮夾，只要花 100 億日元就能買到」的概念。就資產面來看，就是「股價嚴重被低估的個股」。

從財報基本面尋找嚴重被低估但有未來性的個股，然後持有，讓時間孕育股價上漲的動能，利用波段操作、賺價差。其中有兩個重要的觀念：

- 價值投資法：選股不需靠人推薦，自己下工夫研究，找出嚴重被低估的股票，且具有葛拉漢所說的「安全邊際保護傘」。
- 未來成長性的股票：預估公司未來 1 ～ 2 年的獲利，與 5 ～ 10 年未來環境的需求。以環保愛地球議題為例，2035 年前，各國必須將油車禁止，轉變成電動車，因此可以考慮投資電動車相關概念股。

　　我和股千又有相同的一年──2001年，扭轉我們生命故事的一年。股千2001年正式成為全職投資人，而我則是拚命想存錢出國唸書，但資金不夠，想靠投資賺錢，反而踩到地雷股。投資讓我們不只增加被動收入，更激起我們逆轉人生的火花。

　　任何時候都可能發生難以預料的事，因此必須記住，投資股票永遠有風險，但價值投資法會讓我們活得更長壽，從葛拉漢與巴菲特兩位大師，可以看到我們未來的影子。

序章

為了擺脫貧窮，
5歲開始好好存錢

　　我從國中二年級開始投資股票，本金是當時到期的一筆郵局定存，金額是 40 萬日元（約新台幣 10 萬元）。「國二就能存到 40 萬日元，想必家境一定很富裕，零用錢很多吧？」一般人可能會有這樣的誤解。說來汗顏，其實情況正好完全相反。

　　因為我家是自營業，沒有固定工作，家境清寒。存款是從五歲左右，也就是還沒上小學就開始存的。

　　小時候，我讀的是公立托兒所，托育費的收費標準，是依家長的所得而定，我家的所得水準是最低的等級。當年在因緣際會下看到這個審核結果，覺得丟臉至極的記憶迄今仍鮮明地烙印在我心上。

　　因此在我幼小的心裡受夠了貧窮，決定要靠自己的力量，好好存錢！

　　於是壓歲錢和幫忙跑腿獲得的零用錢，我都盡量不花掉，一點一滴地存下來。當年郵局存款的利息很不錯，所以我就在郵局開了帳戶，把這筆錢拿去定存。

　　那時候，郵局一年期的利息是 7.12％[*]，把錢存在郵局，利用複利效應，10 年後這筆錢就能翻倍。如今實在很難想像，當年竟有過這樣的榮景。

---

[*]　日本 1980 年 4 月時的利率。台灣當時合庫一年期定存利率為 12.5％。

存了幾年後，我小學四年級時，俗稱「紅白機」的任天堂電視遊樂器「Family Computer」引爆流行風潮，很多同學都央求父母購買。我家實在買不起，便天天往朋友家跑，玩別人的紅白機。

其實我也想過要拿存款去買紅白機，但花掉的錢就無法產生複利效果，再加上不希望辛苦存了這麼久的存款減少，所以後來還是選擇繼續把錢存進郵局。

我從小就對數字很感興趣，父母說我大概兩歲時，就會拿剪刀把報紙或廣告傳單上的數字剪下來。

我外婆經營一家在地的小咖啡館，每天打烊後，會計算當天的營收。對數字特別感興趣的我，從約莫五歲起，就開始幫外婆把營收記錄在筆記本上。

咖啡館每天的營收波動很大，我在記錄的過程中，內心萌生了一個疑惑：「營收為什麼會比去年同期還多？」

我反覆思量，自己做出了這樣的解釋：「今年比去年還要熱，所以有更多人想喝冷飲或到咖啡館裡納涼。可能是因為這樣，營收才增加吧。」

或許因為父母都是自營業，所以我從小就能感受到生活周遭的經濟脈動，這種經驗在我成為專業投資人後，仍受用無窮。我投資股票時，必定會到現場實地考察，因為我曾長期近距離地觀察父母的工作狀況，深刻體會「現場」的重要。

與其買基金，不如自己挑個股

我是在 1988 年開始投入股市，也就是泡沫經濟時期。當時我讀國中二年級，存在郵局裡的定存已增加到 40 萬日元。

我沒多想，就打算把到期的定存再繼續存進郵局裡。不過當時泡沫經濟已漸步入尾聲，利息驟降至 1.68％。

利息 1.68％代表 40 萬日元存一整年，利息也只有 6,720 日元（約新台幣 1,680 元），我心想，這樣財富根本不會增加，便開始到處查找有沒有獲利更高的投資工具。我翻了翻報紙，發現「基金」這項投資工具，是挑選當時獲利表現亮眼的股票所組合而成。

我從五歲左右，就開始出入外婆的咖啡館，店裡擺放好幾種供顧客翻閱的報章雜誌，曾幾何時，隨手翻閱這些書報雜誌，已成了我每天的例行公事。喜愛數字的我，也因此對印著密密麻麻數字的股票欄產生了興趣。

看著股票欄，我內心產生了一個很單純的疑惑：「為什麼股價每天都會變動？」也漸漸地迷上股票。

除了股票，報紙上也刊載了股票基金的投資報酬率，當時有些基金的年報酬率竟超過 30％。以年報酬率 30％計算的話，用 40 萬日元投資，一年就可以變成 52 萬日元（約新台幣 13 萬元），等於淨賺 12 萬日元（約新台幣 3 萬元）。

發現這件事後，我就沒有再把 40 萬日元存進郵局，而是考慮拿去買基金。

我找上了我爺爺，和他商量投資股票這件事。

我爸爸好像也多少投資了一點股票，爺爺則是資深股民，從很久以前就開始投資了。

結果爺爺告訴我：「要買股票，要先找證券公司開戶。」當年我只是個國中生，所以連這方面的常識都沒有。

剛好外婆的咖啡館附近就有一家在地的小券商，裡面的員工會來店裡吃午餐，忙的時候還會從公司叫我們外送餐點，於是我找了一位打過照面的員工，幫我開設了證券帳戶。我就此跨出了投資股票的第一步。

開戶後，我把寶貴的 40 萬日元存了進去。爺爺問我：「你打算買哪一檔股票？」

我坦白地回答我想買基金後，爺爺用力地搖著頭，撂下了這段話：「你聽好，所謂的基金，是券商拿來賺手續費的工具。你要是個男人的話，就找出你自己認為值得投資的個股！」

「基金是券商拿來賺手續費的工具」我很坦然地接受了爺爺的這個說法，畢竟我也算是在外婆的咖啡館裡，親身體驗了所謂「做生意」是怎麼一回事。

　　咖啡館內的商品定價當然包含了利潤。證券公司也是開門做生意的，以手續費的形式，在基金這項商品上賺取利潤，是很理所當然的事。這一點我很能接受。

　　如果不交給券商操作，而是自行挑選個股買進的話，那麼上漲的部分就全都是自己的獲利。聽了爺爺的提醒後，我便決定投資個股，不再堅持買基金。

　　雖然我每天都會瀏覽報紙上的股票版面，和一般的國中生很不一樣，但要買哪一檔股票才好，根本沒有頭緒。

　　我抱著死馬當活馬醫的心情，跑去問爺爺：「該買哪一檔股票比較好？」結果被爺爺教訓了一頓，爺爺說：「你自己動腦想。」事到如今我才明白，爺爺會那樣說，是因為投資心法一定靠要自己動腦思考，否則永遠學不會。然而，當時的我只覺得：「給我點提示又不會怎樣。」

投資新手的好運，讓我心醉神迷

　　爺爺叫我自己動腦想，簡直就是給我出了一道龐大的習題。我燃起了鬥志，心想：「我一定要徹底研究清楚，找出會賺錢的股票！」

話雖如此，但其實我當時連世上有《公司四季報》[*]都還不知道。

我能仰賴的，就只有從報紙上讀來的知識，以及自己的大腦而已。左思右想後，我認為今後日本和世界都需要的公司，必定會成長，便決定買進這樣的股票。

我的鬥志很高昂，但手頭只有 40 萬日元的資金，能買到的個股實在很有限。

如今日本股市最低可買 100 股，當年至少要從 1,000 股起跳，有些個股甚至必須一口氣買兩、三千股，否則根本買不到。當時也還沒有「零股交易」這樣的制度。

當年我很愛玩紅白機，相信販售紅白機的任天堂公司股價一定會上漲，便打算買進，但那時候 1 股的股價已漲到 8,000 日元（約新台幣 2,000 元），要有 800 萬日元才能買 1 張 1,000 股的股票，我根本買不起，只能含淚放棄。

當時任天堂正值轉型期，接連推出《超級瑪利歐兄弟》、《勇者鬥惡龍》等大受歡迎的遊戲作品，成功從原本位在二線城市京都的老字號花牌製造商，蛻變成世界級的遊戲大廠。

---

* 東洋經濟新報社出版，每季發行，內含日本各上市公司基本面情報、股價和前景分析等，以下簡稱《四季報》。相當於台灣每季發行的《四季報》和《股市總覽》。

早年我住在愛知縣，曾想過要支持有實力的在地企業——豐田汽車，便打算買進豐田汽車的股票，結果它和任天堂一樣，只有 40 萬日元根本買不起。

於是我胡思亂想了一番，相中了海運股。

當時海運股有很多 1 股一、兩百日元的個股，買 1,000 股只要十幾、二十萬日元。

我會相中海運股，理由其實很簡單，因為日本是個島國，物資進出口都要仰賴船運。就連豐田生產的商品，要外銷國外也少不了海運。如果日本經濟後勢還會持續走揚，那麼海運股應該還會再漲。

海運股中，我相中的第一檔個股，是「日之出汽船」（HINODE LINE）*。或許是因為當年股市一片大好，再加上新手總是特別走運，買進後，隔天股價就亮燈漲停。

接著我相中的是「日本發條」（NHK SPRING）這家專做汽車彈簧的公司。當年我心想自己買不起豐田汽車的股票，但如果是供應零件給豐田的公司，說不定就買得起。於是我抱著這樣的念頭，挑中了日本發條。

當時全球股市在 1987 年 10 月爆發「黑色星期一」的股災後，已從谷底逐漸回升，日本經濟和股市都朝著泡沫經濟

---

* 後來成為日本郵船 100％ 持股的子公司。

時期的高點邁進。

在這波景氣回升的浪潮中，投資低價股，也就是所謂「低位階股」的熱潮乘勢而起。當初我在國二時投入股市的 40 萬日元，竟在不知不覺間增加，到我升上國三時，已成長到了 300 萬日元（約新台幣 75 萬元）。

我曾有買股隔天就漲停的經驗，在新手好運和景氣回升下，更讓我完全迷失了自己，覺得原來靠股票賺錢這麼容易！志得意滿的我，荒廢了學生的本業，沉迷在股票的世界裡。

靠價值投資晉升億萬富翁

升上高中後，我仍舊整天沉迷在股票的世界裡。

高二時，我的股票在極盛時期，投資部位曾高達 1,500 萬日元（約新台幣 375 萬），將近本金的 40 倍。當年還是個高中生的我，也受益於景氣快速上升，過著意氣風發的日子。

從國二開始投資股票，一路運氣都不錯，順利地累積了一些資產。這時我已立志要當個專職的投資人，完全沒把考大學當一回事，決定步上成為全職投資人的道路。

後來，我在股海經歷了許多驚濤駭浪，包括 1990 年泡沫經濟瓦解、1991 年爆發波斯灣戰爭、1997 年的亞洲金融

風暴，2000 年又碰上網路泡沫等，直到 2001 年起，才真正開始改用現在的投資型態，也就是「價值投資」。

價值投資的細節，我會在後文詳述。簡而言之，**其實就是投資股價低於企業內在價值，且鮮少有人注意的個股。**

這種價值投資的手法，簡直就是為我量身打造。

實際上，我在 2005 年，也就是 30 歲時，股票資產已達 3,000 萬日元（約新台幣 750 萬元），2011 年成長到 1 億日元（約新台幣 2,500 萬元），2015 年又增加到 3 億日元（約新台幣 7,500 萬元），到 2019 年時，累積獲利已逾 4 億日元（約新台幣 1 億元）。

在本書中，我會以自 2001 年起認真鑽研的這套「價值投資」法為主軸，和讀者分享投資心得。

第 1 章先回顧我在找到「價值投資」這個方法之前，在股市所經歷的波折。

已經採用價值投資法，或想更深入了解價值投資的讀者，若想跳過第 1 章，直接閱讀第 2 章也無妨。

身為作者，期盼本書能成為一個契機，讓投資股票成為大眾的日常，進而從中獲得財富，同時也讓更多人享受到投資的樂趣。

第 1 章

踏上全職投資人之路

從國中時期成為少年股民

高中時期，我對投資股票深深著迷，成了一個每天進出股市的「高中生股民」。

當年別說是網路券商，就連網際網路都沒有。像我這樣的平凡散戶，要即時取得股市資訊的唯一方法，就是收聽「短波電台」[*]。

剛好當時索尼（SONY）推出了一款可放進學生制服口袋的小型短波收音機，我趕快買來，每天聽著節目內容，就連上課時也不例外。

那時既沒有行動電話，也沒有智慧型手機，買賣股票只能趁下課時間跑去學校裡的公共電話，打電話向券商下單。

要是當天想買進的個股劇烈震盪，我就會坐立難安，根本無心聽課。這時我會毫不猶豫地蹺課，瞞著家人跑到證券公司，是個不好好上學的高中生。

國中時，我在家附近的在地小券商開戶；上了高中，我改到一家在社區百貨裡設點，規模稍大的券商交易。

才讀高中就頻繁出入證券公司的我，在地方上算是小有名氣的人物。

---

[*] 現已更名為「日經廣播電台」。

　　我和那家證券公司的員工都認識，他們也都很相信我，還偷偷趁百貨公司公休時，放我從員工出入口進出，讓我獨占一部可以看股市資訊的設備，自行操作。

　　我在電腦上找出股價走勢圖，還印下來帶回家，以便在家研究股票，可說是天天都泡在股票裡。

　　日子一天天過去，我得到的資訊量比以往多出不少，還可以追蹤近乎即時的股價資訊，讓我買賣股票更具機動性。

　　後來，我還可以自己劃記證券公司用來下單買賣用的卡，劃完後自行下單。現在回想起來，實在是很感謝他們給我那麼大的自由。

　　或許因為我是高中生，所以他們對我特別寬容，再加上當年的買賣手續費比現在高出許多，所以他們才願意把我當作客人看待。

高二時，本金從 40 萬日元變 1,500 萬日元

　　上了高中以後，我開始自己花錢買《四季報》來讀。

　　國二時，我讀的《四季報》是出版社給證券公司的版本，上面沒有廣告、封面雪白。出版社每三個月會發一本《四季報》給券商，所以三個月前的舊版本，券商就會免費

給我。我再自行查出個股後三個月的最新股價，補畫在走勢圖上。

我投資股票的一大習慣，就是會把《四季報》讀得淋漓盡致，就像是在翻字典一樣。我運用《四季報》的方式，第 4 章會再詳述。

資金變多，又學會如何運用《四季報》這項利器，於是我的投資範圍也跟著逐漸擴大。

高中時，正值泡沫經濟時期，個股股價都偏高，沒有像現在這樣的價值股，而且個股的配息都很少，連提供股東優惠的企業都寥寥無幾[＊]，所以我只能靠《四季報》和走勢圖集，仔細追蹤個股的獲利成長率和股價變動，從中找出買賣點。

國三時，我的股票資產已增加到 300 萬日元（約新台幣 75 萬元）；高一時，達到 1,000 萬日元（約新台幣 250 萬元）；高二時，更達到 1,500 萬日元（約新台幣 375 萬元）。國二時，以 40 萬日元投入股市，短短 4 年內，資產成長了近 40 倍。

我是個受惠於泡沫經濟的投資新手，賺錢全都拜新手好運之賜。

＊　日本上市公司為了吸引投資人，經常提供各式股東優惠，像是餐飲券、折扣優惠等。當年提供股東優惠的企業，主要是零售、電鐵和旅館等類股。

我從國二開始投資，1 年半後，也就是 1989 年 12 月 29 日那天，東京證券交易所封關，日經平均股價指數在盤中一度觸及 38,957.44 點，寫下歷史新高。當時正是泡沫經濟的極盛期。

所謂的「日經平均股價指數」，是從當時東證一部[*]將近 1,200 家上市公司中，選出 225 檔個股，平均股價後所得的數字。

然而，到了隔年，也就是自 1990 年起，泡沫經濟瓦解的前兆日益鮮明，日經平均指數陷入了前所未有的跌勢。

在這樣的風向中，我發現以小型股為主的「日經店頭平均股價」，也就是現在所謂的「日本 JASDAQ 平均指數」仍在上揚，完全不受日經平均指數由漲轉跌的影響。於是我把選股的焦點，轉往了店頭市場。

國中時期，我的投資標的是以東證的上市公司為主，進入高中後，因為有了《四季報》可看，還能自由使用證券公司裡的資訊系統，於是我便運用這些工具，著重操作店頭市場中，股價穩健、獲利大幅成長的個股。

---

* 「東證」是東京證券交易所的簡稱，轄下分為一部、二部、MOTHERS 和 JASDAQ。東證一部主要由大型公司組成；東證二部是由中小型公司組成；MOTHERS 是由高成長新創公司組成；JASDAQ 則是以新興企業和中小企業為主。

正因如此，我才能在當時的股市中不斷獲利，股票資產
一路大增。

集中投資單一個股，靠運氣獲利

剛開始投資股票時，上市公司股票等金融商品原則上
都是免課稅（1989 年 3 月前），僅須繳納有價證券交易稅
0.55％。因此在股市當中的獲利，絕大部分都可以留在自己
手邊。*

學生時代，我只要賣股有獲利，一定會把現金領出來，
而不是讓錢直接再存入證券帳戶，因為這樣才能切身感受到
財富的增加。

雖然在股市賺了很多錢，但畢竟當年還是學生，不能來
一趟奢侈的旅遊，頂多是和朋友吃飯，請大家打保齡球，或
是當心儀的女孩換到我隔壁座位時，送她一枚金幣紀念彼此
的緣分，僅此而已。

唯一想過要買的是勞力士手錶。因為我對機械式手錶很

---

* 目前日本的證所稅是 20.315％，台灣個人證券交易所得稅已自民國 105 年 1
月 1 日起停徵；證券交易稅稅率為千分之三。

感興趣，而且未來還有機會增值，所以覺得買來當作資產也無妨。但我告訴父母後，卻被罵了一頓：「你只不過是個高中生，誰准你想這些不務正業的事！」

現在回想起來，當年如果把錢拿去買勞力士手錶的話，或許在股價暴跌時，我的資產就不致於縮水那麼多。不過這都是後話了。

當時的這個想法，應該是導致我後來認為，資產中最好要有部分是實物資產的原因之一。

當年我只是個高中生，竟能在股市獲利如此豐厚，最重要的原因，我想是因為當年只有極少數散戶敢投資店頭市場。

那時候，店頭市場的個股漲跌幅很大，高價股也很多，要拿出好幾百萬才買得起的個股更不在少數，且多半是一般人比較陌生的企業，投資人不知道這些公司從事什麼業務，甚至有不少是根本沒看過、沒聽過的個股，所以當然就不會想特地跑來投資這些股票。

如今在各企業的官方網站等平台，都能瀏覽公司的《有價證券報告書》*和《決算短信》†。《有價證券報告書》每年都

---

* 依日本金融證券交易法規定，上市公司須於會計年度結束後三個月內提報金融廳的文件，內容包括企業概況、營運概況、設備狀況、募資狀況與財務狀況等。類似台灣公開發行的公司《年報》。

† 日本上市公司應證交所要求，於每年度及每季結束後，所提出的簡明財務報告。類似台灣的上市公司《季報》。

要在關帳後 3 個月內公布，《決算短信》則須每季公布。這些對投資人而言，都是相當重要的資訊。這兩份資料，都可在金融廳（Financial Services Agency, FSA）的資料庫「EDINET」*等平台上看到。

然而，在網路普及前，投資人除非直接到證券交易中心，否則根本就看不到企業的《有價證券報告書》和《決算短信》等資料。

我用證券公司的系統，先做第一階段篩選，挑出候選個股，再用《四季報》檢視詳細資訊。接著我會蹺課去證券交易中心，一點一滴地蒐集店頭市場的個股資訊，投資符合標準的個股。

當時，很少有投資人會做功課到這種地步。能從店頭市場賺到錢的，就只有像我這樣大量獲取資訊的人吧？

我在學生時代的投資方法，都是集中投資一檔個股。現在回想，這其實不算是一個值得肯定的方法。

找到一檔符合自己標準的滿意個股，再投入所有財產買進，等獲利了結後，再買下一檔；等下一檔獲利了結後，再買下一檔……就這樣不斷地循環投資。如果只持續抱一檔股票，恐怕無法在短短三年左右，累積到 1,500 萬日元的股票

---

* 相當於台灣的「公開資訊觀測站」。

資產。

如今回想起來，這簡直就像是不看紅綠燈，直接把油門踩到底，全速往前衝，沒車禍、肇事，真是不幸中的大幸。這一切恐怕都要歸功於時機、運氣，與我的才智無關。

過程中只要有一個環節出錯，說不定就會引發慘劇，更遑論要是利用槓桿操作融資、融券的話，更有破產之虞。所謂的「槓桿」，意即借用他人的資金來投資，以提升自有資本的獲利率。

稅率制度，讓我選擇成為全職投資人

如前所述，當年我是個高中生股民，在地方上很受矚目，因為那時的散戶以年長者居多，所以進出證券公司的都是老先生、老太太。

在這麼多長輩中，有一個高中生在投資股票，可說是相當罕見。因此進出證券公司的爺爺、奶奶們，都對我特別關愛。

有一位高資產族群的老紳士，似乎還不到該叫他老爺爺的年紀，算是個優雅的中年人。後來我才知道，他是專做不動產買賣的，在泡沫經濟時期，靠著炒地皮滾出了 50 億日

元（約新台幣 12.5 億元）以上的資產，是個典型的「泡沫紳士」。

1989 年的某一天，泡沫紳士問我：「你覺得哪一檔股票好？」我很坦白地說：「我覺得任天堂好。同學間很流行任天堂的電動玩具，所以我覺得它還會再漲。其實我很想買，但我資金不夠，買不起。」

結果，據說那位泡沫紳士聽了我的建議，買進任天堂的股票，後來獲利高達好幾千萬日元。

由於這段因緣，泡沫紳士對我特別關照。他帶我去看過法拍屋，也讓我見識如何追討跳票的支票，都是一般高中生不會有的寶貴經驗。

有一次，泡沫紳士對我說：「每個人一生都有三次大運，只要能抓住一次就能致富。所以你千萬不要錯過！」

他還提醒我，要抓住這些大運致富，至少要有 1,000 萬日元的本金才行。

「資本主義的國家，制度上就是會讓有錢人越來越有錢。10,000 日元（約新台幣 2,500 元）的 5 ％是 500 日元（約新台幣 125 元），1 億日元的 5 ％就是 500 萬日元（約新台幣 125 萬元）。如果你想致富，就要靠自己的力量先存到 1,000 萬日元。」泡沫紳士這麼告誡我。

他會這麼說，與所得稅的稅率有關，但當年我還只是

個高中生，無法完全了解他這番話真正的涵義。然而，我會集中投資單一個股，想在股市中賺到 1,000 萬日元以上的資產，很大的一個因素，就是因為心中一直記得泡沫紳士的這番話。

當時還是高中生的我，根本沒什麼機會接觸到的稅務知識，也是泡沫紳士教我的。

若以「所得稅」加「個人住民稅」來計算，當時對個人課徵的稅率，最高可達 88％（所得逾 8,000 萬日元〔約新台幣 2,000 萬元〕的級距）。另一方面，前文也提過，證所稅原則上是免課稅，僅課徵有價證券交易稅 0.55％。

「同樣是 1 億日元的收入，如果是個人所得，最高要被課徵 88％的稅；但若是投資股票獲利的 1 億日元，只要繳有價證券交易稅 0.55％。這樣一想就知道哪一個比較划算吧？收入多少固然重要，但更要思考怎麼在手上留下最多錢。」泡沫紳士給了我這樣的建議（見圖 1-1～圖 1-3）。

我從學校畢業後，沒有進入職場當上班族，而是選擇當獨立的全職投資人，其實就是這一番教誨，默默推了我一把。

圖 1-1　日本所得稅率推移示意圖

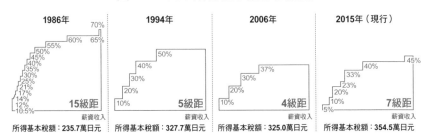

所得基本稅額：235.7萬日元　　所得基本稅額：327.7萬日元　　所得基本稅額：325.0萬日元　　所得基本稅額：354.5萬日元

圖 1-2　日本個人住民稅率推移示意圖

所得基本稅額：191.2萬日元　　所得基本稅額：284.9萬日元　　所得基本稅額：270.0萬日元　　所得基本稅額：294.5萬日元

圖 1-3　1986 年為日本個人稅率高峰期

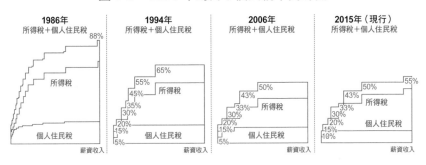

不想成為上班族，回絕券商的工作邀約

從國中二年級起，就用 40 萬日元的本金開始投資股票，到了高中二年級時，股票資產已達到 1,500 萬日元。然而，日經平均股價指數在 1989 年封關日時為 38,915.87 點，來到泡沫經濟的頂點後，1990 年開始由漲轉跌。

1990 年 8 月 2 日，伊拉克入侵科威特，造成日本股市大崩盤。我的持股也不斷下跌，股票資產轉眼間驟減到 200 萬日元（約新台幣 50 萬元）。

此時，我除了因股票驟跌大感詫異，也切身感受到自己對股票的知識和經驗都還太淺薄。於是我內心萌生了這樣的念頭：「如果人生真如泡沫紳士所言，有三次大運，那麼我如果想要抓住其中任何一次機會，就要更用心鑽研股票才行。」

因此我高中畢業後，選擇進入會計方面的專門學校[*]就讀，因為我認為看不懂企業的「資產負債表」（B/S）和「損益表」（P/L），就無法詳細分析企業財務，而財務正是呈現企業本質的工具。不明白企業的財務狀況，就連目前的股價是偏高或偏低都看不懂，我想多了解這方面的知識。

---

[*]　主要教授技術類實務性課程，培養學生的工作能力。

　　很多成績優秀的高中同學都進了大學，但我心裡壓根就沒有讀大學這個選項。說來慚愧，滿分 200 分的英文，我只考了 9 分，這也是我決定不讀大學的原因之一。

　　其實，我還有好幾科的成績都是紅字，連能不能順利畢業都很危險。沉迷於投資股票的結果，導致我連課都沒認真上。憑我的實力，當然考不上大學。

　　況且我還是所謂的「團塊二世世代」，也就是出生於第二次戰後嬰兒潮，競爭對手實在太多，所以大學錄取率很低，我覺得自己根本考不上任何一所學校。

　　我對高中的課程感受不到半點樂趣，但專門學校的課程內容和股票投資直接相關，我很感興趣，也都聽得進去。於是在蹺課風氣盛行的校園裡，我反而盡可能到校上課，不隨便請假，還很仔細地抄寫筆記，與一天到晚蹺課待在證券公司的高中生活截然不同。

　　這個時期的筆記，我到現在都還小心地保存著，因為當中的內容，至今還有很多都是我在投資股票時的重要參考（見圖 1-4）。

　　此外，對我來說，零售業是很貼近生活的行業。我為了想投資零售業的股票，在學時還考取了販賣士[*]的證照。所

---

[*] 類似台灣的門市服務技術士。

圖 1-4　求學時期的啟蒙筆記

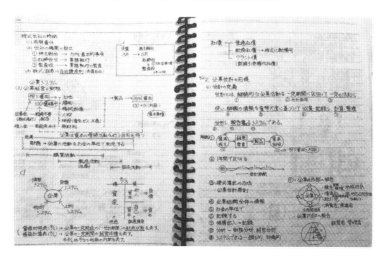

謂的「販賣士」，就是可針對商品在門市的陳列方式提出建議，以提升營業額的一張證照。我認為在投資零售業時，只要從販賣士的角度來評估，就能看出這些零售企業還會不會再成長。

　　在專門學校學到的知識，迄今對我的投資仍然很有幫助。沒有讀大學，而是選擇進入專門學校，對我來說是很正確的選擇。

　　結束專門學校兩年的課程後，便來到了求職的季節。有幾家在地的券商都詢問我：「要不要來我們公司上班？」

　　會有這些邀約，很大的原因是因為我在當地的券商間，

算是相當搶眼的人物，又有股票相關知識和經驗。更何況我和進出券商投資股票的爺爺、奶奶都很熟，而他們正是券商寶貴的上賓，想必券商都很期待我能成為立刻上線工作的業務員。

我就讀的那所專門學校，為了招攬更多學生就讀，打出了「就業率 100％」的口號宣傳，因此校方強烈建議我到券商上班或選會計類工作，可是當時我心中早已決定要走「全職投資人」這條路，所以沒有受到動搖。

沒到券商上班的三個原因

我沒到證券公司去上班，主要原因大致可分為三點：

無法兼職投資

如果我成為了證券公司的員工，就無法再隨心所欲地投資股票。

根據日本證券業協會的規定，券商員工短線買賣上市公司的股票，應受規範限制，買賣須於事前或事後取得公司許可。我當時熱愛投資股票，要我銬上這副腳鐐手銬，怎麼可能受得了。

　　況且要在公司上班，綁在公司的時間就會變長，花在股票上的時間就會變少。如果是現在，投資人可透過智慧型手機隨時取得相關資訊，或許我還會考慮當個「上班族股民」，但當年別說是智慧型手機，就連網路都沒有，根本沒有兼職投資這個選項。

拚命工作，但薪資回報偏低

　　我用專門學校學到的知識，檢視企業損益表的過程中，發現有些公司的人事費用占比僅一到兩成。

　　這樣的現象，其實不只存在於券商。換言之，員工在公司拚命工作賺來的利潤，竟有八、九成都會被公司拿走，這一點我絕對不願意。

　　嚴格說來，企業其實還要負擔設備的費用、保障員工的工作機會，背負諸多風險，因此勞動分配率*偏低，自是在所難免。而當年的我，只是單純看比率就做了決定。

　　況且根據泡沫紳士對我的教誨，薪資所得還要繳所得稅，投資股票賺的錢，幾乎都能放進自己的口袋。當年買賣股票獲利要繳的稅金少之又少，和免稅差不多。

---

* 勞動分配率是指企業從人事中獲得的附加價值，有多少比率用於員工薪酬分配上。

綜合評估下來，如果要放棄全職投資之路，而選擇當個上班族的話，對我來說簡直毫無益處可言。

不認同做事方法

近距離觀察券商業務員做事的方法，總讓我不禁懷疑「這樣賺錢真的好嗎？」

早期的證券公司，會銷售一些「高風險、低報酬」的金融商品，給來到券商窗口的長輩。連當年的我都看得出來，那些商品不僅風險高，還很有可能賠錢。

這樣說或許有點過分，但那樣的行為，就只是為了賺手續費，而把缺乏金融知識的長輩當作肥羊。或許有些人會覺得這番話說得像個不食人間煙火的文青，但要在那種環境工作，我真的是敬謝不敏。

我父母其實是希望我讀完專門學校後，好好找個收入穩定的正職工作，別再一天到晚玩股票。所以當我說出回絕券商工作的三個原因後，我父親教訓了我一頓：「你那些大道理，在社會上根本活不下去！」

即使如此，我的決心還是沒有受到半點動搖。

低買高賣，套利賺價差

專門學校畢業後，我沒有找工作上班，而是成了全職投資人。

然而，起初幾年的投資表現不怎麼樣，大盤行情也差，我有時賺、有時賠，整體資產並沒有明顯增加。

這段時期，我都是靠「套利」糊口，也就是針對利率或價格，賺取「價差」或「利差」。

一般投資人對「套利」的認知，是不論大盤漲跌，都能靈活運用各種交易手法，追求獲利的一種避險方式。仔細想想，其實我從小學開始就已經在操作套利。

小學時，我很喜歡玩紅白機，經常買賣遊戲卡帶，當時同學有很多不同的卡帶，彼此會拿到學校來互借，但因為太常發生有借無還等問題，學校還下令要求同學們在卡帶上寫名字。

我家境不好，所以家裡幾乎不曾幫我買過任何卡帶，而我手邊的錢，絕大部分都拿去定存，也不曾想過要把定存的錢拿去買卡帶。

我想，即便要買卡帶，也要靠自己另外賺錢去買。於是我想到用賺取套利的方式。

當時紅白機在社會上引爆流行風潮，市面上的二手紅白

機商店也如雨後春筍般出現。我逛了幾家二手店，發現同一款卡帶，有的店家賣 3,000 日元（約新台幣 750 元），有的店家才賣 2,500 日元（約新台幣 625 元）。於是我就在售價低的店家買卡帶，再拿到願意以高價錢收購的店家去賣，從中賺取差額。

小學四年級的暑假，我騎著腳踏車，跑了二十多家二手紅白機商店，掌握各店的收購價與售價，成功在一天之內，就賺到 14,000 日元（約新台幣 3,500 元）的價差。對一個小學四年級的孩子而言，這可是一筆大錢，這也成了我迄今難忘的成功經驗。

專門學校畢業後，直到我真正成為獨當一面的全職投資人前，我就是運用小學時的這個經驗，拚命用套利賺錢。

當時紅白機的熱潮早已退燒，所以我操作的商品，便改成了零食裡的食玩贈品，或是卡牌遊戲裡的稀有卡牌等。我跑遍跳蚤市場等銷售據點，找出有望以高價賣出的商品，以低價採購後，再賣給願意出高價買下的蒐藏家。

此外，由於大環境不景氣，民眾都想省荷包，因此轉賣票券的商店也開始流行起來。票券在不同區域也會有價差，所以我就在便宜的地方買，拿到能賣出高價的地區，轉賣給當地的店家。

後來，我有幸學會價值投資，才順利累積資產。然而，

回首過去，我發現所謂的價值投資，其實就像是在股市裡，執行我從小學以來就一直在操作的套利方式。

　　所以，我一接觸價值投資馬上就能心領神會，畢竟是我很熟悉的手法，甚至還可以說是已經有不錯的成績。從這個角度看來，就我的投資生涯而言，靠套利過活的那幾年，其實並不算是虛度光陰。

買進因恐慌暴跌的個股，股價漲回再賣出

　　1997 年，我的投資生涯碰上了一大轉機。

　　這一年 7 月，泰銖暴跌，引發了亞洲金融風暴，全球股市同步重挫。日本股市當然也面臨沉重賣壓，我記得當時東證一部上市公司每股票面價 50 日元，買賣單位是 1,000 股，不少個股跌到接近票面價的金額，更有上百檔個股跌破票面價。

　　亞洲金融風暴加深了全球對新興市場的疑慮，更引發了 1998 年的俄羅斯金融危機，以及 1999 年的巴西金融危機。

　　1998 年 10 月，日經平均股價指數來到 12,879 點，創下泡沫經濟瓦解以來的新低紀錄。

　　進入 2000 年 3 月，日經平均股價指數曾一度收復 20,000

點大關，但受到美國網路泡沫瓦解的影響，10 月又跌破
15,000 點，2001 年 8 月更來到 10,713 點，差點就跌破 10,000
點大關。接著，2001 年 9 月 11 日，美國爆發多起恐怖攻擊
事件，隔天日經平均股價指數就應聲跌破 10,000 點大關，來
到 9,610 點。

亞洲金融風暴席捲全球後，只要市場傳出些許利空消
息，很多個股就會出現過度的恐慌賣壓。

從這時期起，我開始用便宜的價格，買進被恐慌超賣的
個股，等市場冷靜，個股回到合理價位，我再賣出持股，獲
利了結。投資當前股價與公平價值間，價差極大的個股，手
法其實就和套利一樣。

1998 年，松井證券正式推出業界首創的網路下單服務
「網路股票」，我觀望了近兩年，確定資安方面沒有問題
後，便於 2001 年起，改以網路券商作為我的主要交易平
台。這一年，我正式投入價值投資，當時的股票資產約莫是
600 萬日元（約新台幣 150 萬元）。

將主要交易平台改換到可迅速下單的網路券商後，我的
投資效率大幅提升，更幫我省下了大筆手續費，買賣股票的
成本更低，投資績效也變得更好了。

2001 年時，我起初為自己設定的目標，是要達到股票
資產 3,000 萬日元。如果有了 3,000 萬日元，以年報酬率 20

％計算，獲利就有 600 萬日元。以上班族的薪水而言，一年賺 600 萬日元算是一般水準，所以才會以此為目標。

2005 年，改用網路券商下單的 4 年後，30 歲的我股票資產便突破了 3,000 萬日元。

不滿足於千萬資產，目標設定億萬

改到網路券商下單後，也就是自 2001 年起，我開始用 Excel 記錄每天的股價變化；2003 年起，我在雅虎（Yohoo!）的電子布告欄發表投資心得；2008 年起，又改在部落格發表文章。當時我對自己有兩項期許，一項是想一直當全職投資人，另一項是想靠投資股票達到年收入 1,000 萬日元，因此取了「股千」（kabu1000）這個暱稱。

因為寫了部落格，我開始和日本各地的散戶交流，也有越來越多機會參與線下聚會。在這些交流的過程中，我聽了很多投資人的分享，心中逐漸萌生一個念頭：「不能滿足於 3,000 萬日元這個數字，還要更努力才行。」

會有這樣的想法，是因為前來參加線下聚會的散戶，很多人都是以股票資產 1 億日元為目標，而且最後真的創造出了 1 億日元以上的資產。

　　如今股市已不乏資產逾億的「億元大戶」，但對當年的我來說，要用股票累積出上億資產，簡直就是痴人說夢。但我後來親眼看到有人實現了這個目標，便也產生了要更上一層樓的念頭。

　　這段時期，我暗自想著：「要是有了 3,000 萬日元就滿足，豈不就輸給那些靠中樂透暴富的人了？」

　　原本在 1989 年時，日本樂透的頭獎，加上前、後獎[*]的彩金還只有一億多日元；到了這段時期，頭獎加前、後獎的彩金已上看兩億日元。

　　中樂透彩的頭獎不需要任何技術或經驗，完全是憑運氣決勝負。當年的我，覺得中頭獎的人明明就只是運氣好，而我投資股票近二十年，竟然會輸給他們，心裡很不是滋味。

　　如果拿 3,000 萬日元當本金，年化報酬率維持 20%，再運用複利的威力，持續操作價值投資的話，將來早晚會累積到 1 億日元。後來我的股票資產也真的一如預期，在 2011 年時突破 1 億日元，2015 年時達到 3 億日元，到了 2019 年時，累計獲利更一舉突破了 4 億日元。

　　改透過網路券商下單後，我自 2001 年起，投資績效為

---

[*] 日本的樂透號碼為「×組○號」，「頭獎的前後獎」意即「×組○+1 號」和「×組○-1 號」，獎額也相當高。若以連號、包牌形式購買樂透，且中頭獎者，就有機會獲得頭獎＋前後獎的獎金。

負值的，就只有發生金融海嘯的 2008 年，和新冠肺炎疫情
肆虐的 2020 年（結算至 12 月 1 日）而已。

疫情危機，是布局良機

　　包括東日本旅客鐵道（JR 東日本）、大型不動公司三
菱地所等極具代表性的日本企業在內，許多企業都深受新冠
肺炎疫情影響，股價受到重創。

　　**股市總是過度反應，因此有些個股的股價，早已遠遠
跌破企業該有的價值**。像這種時候，我認為就是進場的好時
機，只要找到上述這樣的個股，都會積極地買進。

　　當年我在亞洲金融風暴席捲全球、大盤疲軟之際，進場
找尋股價偏低的個股，開始操作價值投資，擁有不錯獲利；
如今我同樣認為，疫情之下能在股市找到多檔跌深的績優
股，正是啟動價值投資布局的良機。

　　企業如何因應新冠肺炎疫情危機，有時也能讓我們窺見
企業的體質好壞，而這些觀察，可以當作我們投資與否的標
準，成為寶貴的判斷依據。

　　我家附近的購物中心裡，有越來越多櫃位因為疫情衝擊
而吹起熄燈號，但也有品牌逆勢展店，那就是星巴克咖啡。

疫情影響的時期，應該可以把店租金壓得很低，降低成本，但星巴克咖啡竟然還敢擴點，令人感佩。

　　我成為全職投資人前、後的經歷，以及認識價值投資法的來龍去脈，說明到此告一段落。從下一章起，我會正式進入投資手法的詳細解說。

第 2 章

低風險、中報酬的價值投資，
在股海悠遊

受價值投資之父的啟發，改變命運

1997 年亞洲金融風暴爆發時，日股被大量拋售。我當時心想：「這說不定是個千載難逢的投資良機。」因為市場上充斥著股價低於企業內在價值的個股；但另一方面，當前不穩定的局勢，讓人對未來充滿未知，我也不敢肯定繼續買股這個決定一定沒錯，心情很複雜。

雖然迷惘，但我還是選擇持續投資。轉眼就到了 1999 年，包括已開發國家在內的各國，吹起了網路泡沫。

當年在網路泡沫時期，我覺得股價偏低而買進的那些股票，幾乎都沒有漲，或者該說漲是有漲，但和那些大漲的資通訊企業相比，漲幅實在是很有限。

2000 年時，包括美國那斯達克（NASDAQ）在內的股市網路泡沫瓦解，災情也波及到了日本。原本股價已在高檔的資通訊企業，紛紛中箭暴跌。而我所投資的個股因先前漲得不多，所以也沒跌得太誇張，股價呈現穩步推移的態勢。

我深入分析當時的狀況後，萌生這樣的念頭：「當年我在卡牌遊戲和紅白機卡帶操作過的套利手法，說不定可以用在股票投資上。」

就在這個時候，我讀到了一本堪稱改變命運的好書，那就是價投資之父班傑明·葛拉漢（Benjamin Graham）的

《智慧型股票投資人》（*The Intelligent Investor*）。

　　我從以前就很喜歡到圖書館，有時是借閱投資方面的書來鑽研，有時是仔細翻閱報紙和業界雜誌等報刊。夏天時，能在圖書館裡享受涼快的冷氣，更重要的是可以免費博覽群書。我就是在這裡，讀到了《智慧型股票投資人》這本書。

　　這本書譯為日文出版前，作者班傑明‧葛拉漢在日本可說是沒沒無聞，但他在美國卻是被譽為「價值投資之父」的知名經濟學者，享譽全球的大富豪、投資大師華倫‧巴菲特（Warren Buffett）就是他的高徒。

　　班傑明‧葛拉漢曾在 1929 年爆發的華爾街股災，以及後來的世界經濟大恐慌中受到重創，財務幾乎被逼到絕境，才驅使他開始研究如何操作穩健的投資。而這本於 1949 年出版的《智慧型股票投資人》，可說是他集大成之作，也是廣受各界讚賞的投資名作。

　　班傑明‧葛拉漢在這本書中，主要探討兩大重點：

1. 股票的投報率比債券好。如果想做長期的理財規畫，投資股票是最好的選擇。
2. 如果想靠投資股票作為長期的理財規畫，價值投資是績效最好、最明智的選擇。

葛拉漢的投資心法

1. 我們對投資的定義，是以詳細的分析為基礎，所進行的理財操作，不僅要保全本金，還要賺得合理的利潤。未滿足這個條件的操作，就是所謂的投機。

2. 將來的事沒人說得準，所以投資人不可以把手頭上的資金全都放在同一個籃子裡。超出安全、穩健範圍冒險的人，精神上會背負極大的壓力。

3. 投機客和投資人的差異，在於用什麼態度來面對行情變動。投機客關心的，是如何準確預測股價並從中獲利；而投資人所關心的，是用合理的價格買進合理的股票。

4. 固守安全邊際的原則，可讓人賺得豐厚的獲利。把安全邊際的原則套用在股價偏低的個股上，更能彰顯它的效益。所謂股價偏低的個股，就是目前股價低於個股內在價值的狀態，而這兩個價格間的差異，就是安全邊際。

──《智慧型股票投資人》

這本書最劃時代的創舉，就是用豐富的數據資料，將上述兩點分析得很有條理。

我讀了這本書後大受感動，更確信自己心中「套利手法也能應用在投資股票上」的想法絕對錯不了，於是開始鑽研價值投資。我從不輕易模仿別人，唯有班傑明‧葛拉漢例

外，因為他的這部鉅作，確實讓我學到很多。

《智慧型股票投資人》初版於 1949 年在美國上市，即使只計算到 2000 年，也已經是 51 年前的書了。這麼舊的書，難免會有人擔心內容是否過時，然而，這本書的內容是股票投資最基本的心法，即使時代更迭也絕不會變動。不論是出版當時或現在，書中的理論和分析都還相當適用。

就像棒球的打擊規則，只要是從 18.44 公尺外的投手丘投球過來，由打者揮棒打擊的規定不變，那麼棒球的打擊理論，從貝比‧魯斯（Babe Ruth）[*]、泰‧柯布（Ty Cobb）[†] 還在打球的時代起，迄今應該沒有太大的變化才對。

同樣地，只要資本市場的遊戲規則沒有太大的變動，班傑明‧葛拉漢的這些主張就不會褪色、蒙塵，證據就是這本書迄今仍持續再版。

班傑明‧葛拉漢在美國的影響力相當驚人，據說美國股市後來找不到價值股，都是拜他這本著作之賜。投資人個個殺紅了眼，拚命地挖出價值股來加碼買進，以致於市場上不再有內在價值被低估、股價相對便宜的個股。

然而，那時日本還沒有翻譯班傑明‧葛拉漢的著作，所

---

[*] 19 世紀美國棒球選手，被譽為「棒球之王」，生涯擊出超過 700 支的全壘打。
[†] 19 世紀美國棒球選手，生涯打擊率曾高達 0.367。

以讀過這本書的人並不多，或許是因為這樣的關係，2000 年時，注意到價值股的投資人少之又少。

後來，約莫自 2003 年起，投資價值股的風潮，才終於吹進了日本。而搶先一步開始布局價值投資的我，徹底占盡了便宜。

日本股市會有那麼多的外資，很重要的一個原因，是因為日本股市裡還有不少價值股，是美國股市裡找不到的。

價值型投資是市場少數，但比較有利

對於想在短期內大幅增加個人資產的散戶而言，最受歡迎的不是價值投資，而是「成長投資」。成長投資就是找出企業獲利成長幅度大、股價持續上升的個股，並搶先進場的投資手法。看著那些企業獲利與股價雙雙飛漲的成長股，的確會讓人對高額獲利充滿期待。

我操作價值投資，是以年報酬率 20％為目標。這個數字或許不是太高，但以複利持續投資的話，十年後資金會翻成 6 倍，二十年後就會翻成 38 倍；即使保守一點，用一年 10％的報酬率來計算，十年後資金還是可以增加 2.5 倍，二十年後增為 6.7 倍。

　　然而，成長投資蔚為風潮，以致於散戶的目光往往還是會被成長投資吸引，畢竟股市裡的確有個股股價成長了數十倍、數百倍，因此很多人都懷著如法炮製的夢想，選擇投資成長股。

　　倘若用 10 萬日元（約新台幣 2.5 萬元）當本金開始投資，以年報酬率 20％計算，一年後這筆錢就會變成 12 萬日元，十年後就會有約 62 萬日元（約新台幣 15.5 萬元）。對於想在短期賺到更豐厚獲利的人而言，或許這的確是無法令人滿意的金額。

　　但請別忘了，股市的風險與獲利總是一體兩面。既然有可觀的獲利，通常也會有相對的風險。

　　成長股和價值股一樣，只要趁總市值（股價 × 發行股數）偏低時買進，就能降低投資風險；等大漲後才買進，風險也會相對升高，因為漲過頭的股票，總有一天會回跌。

　　實際上，我也在泡沫經濟瓦解、亞洲金融風暴、網路泡沫瓦解、金融海嘯等暴跌行情下，看到很多這樣的案例。

　　亞馬遜為美國前五大市值企業，2020 年 12 月 1 日時，亞馬遜的股價已突破 3,000 美元大關。但在 1999 年，當時正值網路泡沫的極盛時期，亞馬遜股價最高為 107 美元，如果當時就買進且長抱不賣，如今已經翻漲 30 倍以上；然而，在網路泡沫瓦解後的 2001 年，亞馬遜的股價曾跌到 7

美元，也就是剩不到十五分之一。

　　只拿 10 萬日元去買亞馬遜股票的人，眼見 10 萬日元縮水成 6,500 日元（約新台幣 1,625 元），剩不到十五分之一，或許還能苦笑帶過，可是掏出 100 萬日元（約新台幣 25 萬元）買股的人，就只剩下 65,000 日元（約新台幣 16,250 元），損失金額逾 93 萬日元（約新台幣 23.25 萬元）。

　　若還操作融資融券，肯定會破產，就算不破產，心情一定會消沉到極點，可能再也沒有信心續抱股票了。

　　我的股票資產在 2005 年時達到 3,000 萬日元後，又花了六年才達到 1 億日元，也就是翻漲 3.3 倍；接著花了四年，資產才又增加 3 倍，達到 3 億日元；然後又再花了四年，才達到 4 億日元。

　　對炒短線的人來說，或許會覺得這樣「曠日廢時」，也因為如此，偏好價值投資的投資人，其實是市場上的少數派。但不論是經濟或股票，在機制上都是對少數派有利。

　　投資人會一窩蜂買進人人看好的個股。假如現在有 100 萬日元，由 10,000 人來分，那麼每人平均只能分到 100 日元（約新台幣 25 元）；然而，同樣是 100 萬日元，如果只有 100 人來分，那麼每人就可以分到 10,000 日元（約新台幣 2,500 元），是前者的 100 倍。

價值投資和成長投資的差異

或許可以說，成長投資與價值投資間有一個很大的差異，就是「未來值」與「現值」的不同。

成長投資是根據企業的業績在成長，預測有助於推升未來價值，於是進行投資；價值投資則是徹底調查企業的現值多寡，並且藉此測量股價被低估了多少，再進場投資。

股票市場中，為什麼會有股價被低估的個股？

當年我在讀專門學校時，有同學教我怎麼打小鋼珠賺錢，於是我有一段時間，就以打小鋼珠為生。在學習「期望值」的概念上，小鋼珠讓我獲益良多。

我也曾靠打小鋼珠，就達到年收入近千萬日元的水準。但我還是覺得投資股票比較有意思，況且每天坐在小鋼珠機台前打小鋼珠過日子，就好像把寶貴的人生拿去換錢似的，所以我後來很乾脆地就金盆洗手了。

就整家店來看，小鋼珠店的收支當然會有盈餘，否則生意就做不起來了。可是，仔細觀察每部機台，會發現其實有些機台是客人贏錢。大批的全職小鋼珠玩家，都對這樣的機台趨之若鶩。

小鋼珠店裡有些機台容易中獎，有些則否；股市也是一樣，有些個股漲，有些個股跌。但就整體來看，大盤期望值

為正值，和小鋼珠店截然不同。企業的成長，帶動了股價年年攀高，所以就長期而言，股市大盤是持續走高的。

甚至還有一些個股，股價表現比大盤更好。找出這樣的個股並買進，也是投資的樂趣之一。

當企業業績因為某些因素而重挫的報導曝光時，成長股的股價有時也會隨之慘跌，畢竟成長投資是以企業的業績持續成長為前提，所以業績當然是最重要的指標。

就像 2019 年底時，誰也沒料到竟然會爆發新冠肺炎疫情，即使我們調查得再鉅細靡遺，還是無法完整地預測企業的業績，因此成長投資永遠伴隨著很高的風險。

另一方面，價值投資則是要評估公司現階段持有的現金、不動產和有價證券等資產。

一家滿手現金或在黃金地段上坐擁多筆不動產的企業，即使短期業績大幅下滑，資產價值也不至於縮水太多，所以股價不太會呈現暴跌局面，因為投資人會認為既然資產充裕，公司就不會倒。

價值投資固然也有風險，但多半是低風險、中報酬。假設投資成功的勝率是 50％，且持續賠少賺多的操作，就可以不斷累積更多獲利。

近來有越來越多靠著成長投資致富，躋身「億元大戶」的投資人，積極地在社群媒體上發文分享。他們的貼

文內容，應該都是事實，但倘若不明究理的散戶依樣畫葫蘆，其實相當危險，因為這些貼文，都帶有「倖存者偏誤」（Survivorship Bias），也就是只看到投資成功的人，而沒有看到失敗的人，會讓人產生錯誤認知、低估風險。

因為投資成長股而慘賠出場的投資人，恐怕不會在自己的傷口上灑鹽，在社群網站上發文分享失敗經驗，於是會發文分享的，就只剩下成功的投資人，容易讓讀者誤以為投資成長股，可以輕鬆賺大錢。

保佑行船平安的神明，廟宇裡總有許多前來參拜的信眾，信眾因為航程風平浪靜平安歸來，而到廟裡答謝還願，一般人看到這樣的光景，就會認為這裡的神明很靈驗。可是那些因為遭遇暴風雨而不幸遇難的討海人，卻不再有機會開口述說，自己並沒有受到保佑平安返航。

價值投資分兩大類：資產型和收益型

所謂的價值投資，就是買進股價偏低的個股，再於市場用合理價位重新評價個股後賣出，並從中獲利的手法。

也就是比較企業的內在價值和股價，找出股價被不合理低估的個股來投資，等股價回升到趨近內在價值的水準時，

再賣股獲利。

說得更具體一點，我們要關注的，其實是不受表面的財務狀況、公司規模和知名度等因素影響的「內在價值」，也就是企業併購專家會評估的「私有市場價值」（Private Market Value, PMV）*。

股市中，隨時都會有買方和賣方，而買賣雙方的供需平衡，決定了股價的高低，股價每分每秒都會受到市場環境與景氣動向等影響而變動。

除了企業的內在價值，股價還反映了許多不同的因素。倘若只反映企業的內在價值，股價恐怕都不會有太大變動。

就短線而言，股價比較容易受到供需和投資人心理的影響而波動；以長線來看，股價比較會受企業基本面（業績與財務狀況）的影響而變動。

價值投資要找的標的，是現值和股價有落差的個股，故可說是一種中、長線的投資手法。

價值投資又可分為兩大類：「資產型價值投資」和「收益型價值投資」。

---

* 私有市場價值通常是指併購者評估一家公司的財務狀況和交易記錄後，願意付出的價格。

- **資產型價值投資**：找出相較於企業所擁有的資產價
  值，股價相對偏低的個股來投資。
- **收益型價值投資**：找出相較於企業的營收、獲利能
  力，股價相對偏低的個股來投資。

判斷個股股價是否偏低的指標，則有「股價淨值比」
（PBR）和「本益比」（PER）。對股票稍有涉獵的人，應
該都很熟悉這兩項指標。

在此我先簡要解說這兩個名詞。

股價淨值比（PBR）＝股價 ÷ 每股淨值（BPS）

所謂的「淨值」，是用企業的「總資產」減去「總負
債」計算出來的金額，又稱為「股東權益」，因為當公司清
算時，這些資產會分配給股東。而每股淨值就是股東權益除
以公司的股本數。

既然 PBR 是用股價除以每股淨值所計算出來的數值，
故可呈現股價相較於淨值是「偏高」或「偏低」。簡而言
之，PBR 若為 1 倍以上，就是股價相較於淨值處於偏高水

準，若不到 1 倍，就是股價處於偏低水準。

大致說來，資產型的價值投資，就是找出低 PBR 的個股，查清楚相較於公司的資產價值，股價究竟被低估多少，再進場投資。

我和其他投資人最大的不同，就是並非單純地用 PBR 來比較，而是重視「實質 PBR」。所謂的「實質 PBR」，是除了帳面上的 PBR，再加入企業資產在以市價評估時，和帳上價值之間的落差，也就是「隱含資產」。

此外，為了能更輕鬆地一眼看出個股股價究竟被低估多少，我養成了看「折價率」的習慣。

舉例來說，一家實質 PBR 0.5 倍的公司，折價率的算式為（0.5-1）×100％，折價率是 -50％。換言之，實質 PBR 0.5 倍的公司，淨值被低估了 50％。我們就用這樣的方式，來找出高折價率的划算股。

把實質 PBR 當作「折價率」來看

折價率＝（PBR - 1）×100％

PBR 0.5 倍時

（0.5 - 1）×100％＝折價率 - 50％

能找出高折價率的划算股！

百貨公司或超市大特賣時，顧客樂見折扣越高越好；但在股市中，投資人並不樂見股價大跌，多數人甚至還會賣股出場。在我看來，這實在是很奇怪的現象。

我把股市下跌看作市場上的大特價，股價跌得越深，越是進場的好時機。我們可以當個「特價獵人」，趁機積極買進股票。

本益比（PER）＝股價 ÷ 每股盈餘（EPS）

PER 是用來呈現企業在當前的獲利表現下，股價究竟是「偏高」或「偏低」。PER 的數字越大，表示相對於公司獲利，股價已經偏高；數字越低，則代表股價偏低。

「每股盈餘」（Earnings Per Share, EPS），是指企業一年賺到的淨利，減去營利事業所得稅後，剩下的利潤。

大致說來，收益型的價值投資，就是找出低 PER 的個股，並投資企業獲利（獲利能力）較高者。

我和其他投資人最大的不同，就是我向來都是用「盈餘殖利率」（Earnings yield）來評估 PER。所謂的盈餘殖利率，就是用每股盈餘 ÷ 股價，也就是 PER 的倒數（1 / PER）。

　　舉例來說，一家 PER 10 倍的公司，盈餘殖利率的算式就是（1／10）×100%，也就是 10%。改用盈餘殖利率這個指標，就能更輕鬆地和股票之外的金融商品做比較，例如商用不動產的帳面報酬率，以及公債、存款利率等。

　　這兩種價值投資中，我最擅長的，就是側重實質 PBR 的資產型價值投資。原因如下：

　　找「收益型價值股」時，要評估企業獲利表現；而獲利表現優劣，端看當年度的業績好壞。但就算今年公司業績亮眼，明年業績說不定就惡化。

　　一些企業內部既有的利空消息，例如醜聞等，也可能導致收益惡化。即使企業沒問題，但就像金融海嘯、311 東日本大地震、新冠肺炎疫情蔓延等大環境因素，都可能造成社會整體景氣急凍，導致企業收益惡化。就算今年度盈餘高達百億日元，明年還是有可能虧損百億日元。

把 PER 當作「盈餘殖利率」來看

盈餘殖利率＝（1／PER）×100%

PER 10 倍時

倒數（1／10）×100%＝盈餘殖利率 10%

能輕鬆和其他金融商品做比較！

資產是指企業所持有的現金、股票等有價證券，或是地、建物等。這些都是企業長期以來推動事業發展所累積的成果，不太可能在毫無預警的情況下突然減半、消失。

如果是以安全性為前提思考，那麼以資產為評估基礎，會比收益更容易展望未來，就這一點來說，資產型價值股的確是比較有保障的。

公司淨值穩定成長，獲利相對穩健

淨值（股東權益）最主要的內涵，是「股本＋資本公積＋保留盈餘」。

> 淨值（股東權益）≒股本＋資本公積＋保留盈餘

資本公積是先前股票發行溢價的收入，遞延到下一年度的資金；保留盈餘是公司將剩餘的獲利保留下來，供未來使用的資金。

我很重視股東權益的成長，也就是把這些股東權益拿來和前一期比較，看看成長了多少。

股東權益成長越多，個股越有機會列為資產型價值投資的標的。

相較於獲利大起大落的企業，每年持續穩健獲利的企業，股東權益往往較能維持穩定成長的趨勢。

要觀察股東權益的成長，最重要的不僅是要加入保留盈餘，名下資產的增減金額，像是租賃用不動產和股票等有價證券也要納入考慮。

舉例來說，持有大量股票等有價證券的公司，會在《決算短信》當中列出「其他綜合損益累計金額」。我們只要觀察當中的「其他有價證券重估增值」[*]是較上一年度增加或減少，就能看出公司持有的有價證券評價是上調或下修（見表2-1）。

所謂的「其他有價證券重估增值」，就是改以市價評估該公司所持有的股票及債券等有價證券時，所呈現的差額。簡而言之，這個金額越高，就表示企業持有的有價証券帶有越多的未實現利益。

在日本，上市櫃公司每季結帳後，都會揭露其他有價證券重估增值，因此投資人一年可檢核 4 次。尤其是持有大量股票等有價證券的企業，更要特別檢視這個項目。

---

[*] 相當於台灣資產負債表項目中的「透過損益按公允價值衡量之金融資產」。

表 2-1　企業持有價證券的金額較前期增加，
　　　　可視為股東權益增加

單位：百萬日元

淨值

股東權益

股本	33,251	33,251
資本公積	32,806	32,806
盈餘公積	67,643	64,607
庫藏股	△ 7,587	△ 7,587
股東權益合計	126,113	123,076

其他綜合損益累計金額

其他有價證券重估增值	61,529	78,640
累積換算調整數	723	670
其他綜合損益累計金額合計	62,252	79,311
淨值合計	188,366	202,388
負債及淨值合計	222,059	240,441

——集富（JAFCO，東證一部：8595）《決算短信》

　　另外，持有多筆租賃用不動產的公司，可以留意他們在
年度結帳時，《決算短信》或《有價證券報告書》的「租賃
用不動產」*這個項目（見表 2-2），當中就會揭露租賃用不
動產在合併資產負債表上的認列金額，以及期末市值之間的
差額。這個差額越大，代表企業名下不動產的未實現利益越
多。日本上市櫃公司每年會在年度結帳時，揭露租賃用不動

---

*　相當於台灣資產負債表中非流動資產的「使用權資產」。

表 2-2 「租賃用不動產」期末市值與前期的差額越大，
代表未實現利益越多

單位：百萬日元

	前一會計年度合併 （自2018年4月1日 至2019年3月31日）	本會計年度合併 （自2019年4月1日 至2020年3月31日）
租賃用不動產		
合併資產負債表認列金額		
期初餘額	3,480,147	3,480,738
期中增減	△ 71,408	94,021
期末餘額	3,480,738	3,502,759
期末市值	6,953,534	7,356,741

—— 三菱地所（Mitsubishi Estate Company，東證一部：8802）《有價證券報告書》

產方面的財務資訊，如果投資人相中的是持有多筆租賃用不動產的企業，就要特別留意這個項目。

股東權益成長＝（股東權益＋淨利＋其他有價證券重估增值＋
租賃用不動產未實現損益增減金額）

資產型價值投資必須觀察的三大重點

在資產型價值投資中，應特別觀察的「淨值」，主要可

分為「現金及約當現金」、「有價證券」和「租賃用不動產和土地」這三項：

現金及約當現金

企業所持有的現金和銀行存款。若是定期存款，則會認列在資產負債表[*]的「其他投資」這個科目。當企業的現金及約當現金高於「負債總額」時，就可判斷該企業有能力因應不景氣或大環境的變化，資金上也比較充裕。

有價證券

有價證券包括股票、公債和公司債等，這裡會聚焦在以股票為主的投資性有價證券[†]上。投資性有價證券包括了「上市櫃公司股票」和「未上市股票」兩種，其中比較值得留意的是上市櫃公司股票，尤其是持有股票的評價金額高於自家公司總市值時，該檔個股就會是操作資產型價值投資的標的。

例如我目前持有的「昭榮藥品」（東證 JASDAQ：3537），就是很好的例子。昭榮藥品持有約 69 萬股的花王（東證一

---

* 日本是附加在《有價證券報告書》中。

† 日本將有價證券分為「有價證券」及「投資性有價證券」。交易目的、備供出售的金融資產，屬於「有價證券」，概念類似台灣的「短期投資之有價證券」；而「持有至到期日金融資產」和「子公司與關聯企業股權投資」，則屬於投資性有價證券。

PBR 0.4 以上，未滿 0.5 ＝便宜

PBR 0.3 以上，未滿 0.4 ＝很便宜

PBR 未滿 0.3 ＝超級便宜！

部：4452）股票。昭榮藥品本身的總市值，低於所持有的花王股票估價金額，因此買進昭榮藥品的股票，會比直接買花王的股票更划算。

租賃用不動產和土地

　　有些企業雖然沒有經營不動產事業，但會持有一些租賃用不動產，以活化閒置土地，或提高企業整體的收益表現。其中，若企業持有位在黃金地段，且帳上價值偏低，帶有未實現利益的不動產，那麼該企業就可能是一檔「寶藏股」。帳上價值又稱為帳面價值，會以企業取得該筆不動產的價格認列。歷史悠久的企業，土地資產的帳上價值可能還是當年的低價，值得投資人深入調查。

　　投資人在選股時，要仔細查清楚這些淨值的相關內容。

　　通常 PBR 越小，股價越便宜。我個人會將低 PBR 個股分為三類：「PBR 0.4 以上，未滿 0.5 算便宜」、「PBR 0.3 以上，未滿 0.4 很便宜」和「PBR 未滿 0.3 超級便宜」。

> ## PBR 須注意的要點
>
> - 易變現的淨值（現金和有價證券等）多、負債總額少＝有些個股即使「PBR 逾 0.5」，股價仍屬偏低。
> - 不易變現的淨值（存貨、工廠和機械設備等）多＝有些個股即使「PBR 0.5 以下」，股價仍算不上偏低。

　　須特別留意的，是擁有大量現金或有價證券等易變現淨值，且負債總額偏低的企業。這些公司即使 PBR 超過 0.5，股價還是可能處於偏低狀態。

　　反之，倘若淨值的內容多為存貨、工廠和機械設備等不易變現、難以出售的資產，即使 PBR 在 0.5 以下，股價有時還是算不上偏低。

　　例如生產、銷售男裝的青山商事（東證一部：8219）的股價，截至 2020 年 12 月 1 日前持續呈現走跌趨勢。它的 PBR 不到 0.2，光就這一點來看，是股價超級便宜的個股，簡直就像是貼了一張打兩折的特價標籤。

　　然而，受到新冠肺炎疫情影響，以及遠距上班的普及，青山商事的主力商品 —— 西裝的營收反彈乏力，預估 2021 年三月期[*]財報將出現鉅額虧損。一旦公司虧損，代表股東權

---

[*]　2020 年 4 月至 2021 年 3 月的會計年度。

益也將減少，即使股價持平，PBR 仍會上升。當企業持續出現虧損時，就算 PBR 再低，投資前都需要特別留意。

回溯歷史股價，判斷目前股價位置

資產型價值投資中，除了要評估淨值多寡，股價的位置也很重要。

倘若個股股價在極短期間內大漲，那麼即使淨值再怎麼出色，都不會是價值投資要找的標的，畢竟追高買股，就會伴隨著下跌的風險。

評估股價偏低程度多寡時的第一個重點，就是認清「股價的位置」。

投資人光看個股目前的股價，無從得知該檔個股是否適合進場。因此我們要回溯過去，從長期的觀點，來評估目前的股價究竟是偏高還是偏低。

可使用日本的「雅虎財經」或「株探」[*]（Kabutan）等平台搜尋，就能回溯個股過去的股價走勢推移，不妨盡可能往回查找看看。

---

[*] https://kabutan.jp，提供日股及美股個股走勢等資訊的日本網站。

　　為了能從長線的觀點，了解個股股價的位置是高是低，我會盡可能使用長期的股價走勢圖，往前回溯歷史股價。泡沫經濟期過後的股價走勢尤其重要，所以有時我會回溯到日本開始吹起土地泡沫的 1983 年代，或是多家優秀上市公司崛起的 1970 年代，有些個股甚至還會回溯到 1949 年。

　　1949 年是二次世界大戰結束後的混亂期。後來，日本社會經歷了一段很長的高度經濟成長期，也是從這一年起算。而會回溯到 1970 年代，則是因為當時距離 1964 年所舉辦的東京奧運已有 10 年之久，又歷經兩次石油危機，走過前景不明的時期後，日本經濟重新開始復甦，並一路旺到 1980 年代末的泡末經濟時期。

　　此外，這個階段也是當前構成日本經濟核心的多家企業登場的時期。日本 7-Eleven 在東京的豐洲開出了第一家門市；而超級績優企業基恩斯（KEYENCE，東證一部：6861），則是於 1974 年創立。

　　找出從過去到現在的股價走勢圖後，要先在目前的股價上，畫出一條水平的橫線。

　　只追近幾年的股價走勢，恐會被反映短期搶進熱潮的股價波段走勢吸引，而誤判了個股的本質。我認為，回溯到 1974 年、1983 年，也就是長達 40 年的股價變遷，足以反映一家企業的內在價值。

圖 2-1　從目前股價畫出橫線，絕大部分的面積都是在線的上方，代表過去買進的人，持股都有未實現虧損

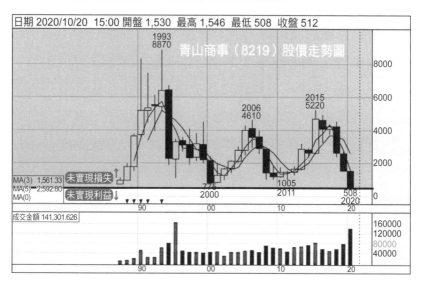

　　若是 1949 年以後才上市的公司，就要找出上市後所有年份的股價走勢來參考。觀察的重點不是技術線型，而是要從過去的股價走勢，來看目前的股價究竟處在什麼位置。

　　以現價為基準，畫出一條橫線，比較線上和線下的面積大小，以評估目前的股價狀況。若橫線上方的面積占比較高，則表示目前還有許多投資人在該檔個股上有未實現虧損（見圖 2-1）。

　　反之，若橫線下方的面積占比較高，則代表目前有許多

圖 **2-2**　從目前股價畫出橫線，絕大部分的面積都在線的下方，代表過去買進的人，多數持股都有未實現利益

投資人在該檔個股上有未實現利益。

　　平價工作服品牌 WORKMAN（東證 JASDAQ:7564），和發展百元商店事業的 Seria（東證 JASDAQ:2782）股價，一直呈現上漲走勢。在目前的股價位置上畫一條橫線，就會看到線下方的面積很大，投資人不論在哪個階段進場，持股都會有未實現獲利（見圖 2-2）。

　　美國的四大科技巨擘 GAFA（Google、Apple、Facebook、Amazon），股價也呈現了同樣的走勢。

　　股市新手通常會想順著上漲或下跌的趨勢，順勢投資，不會反向操作。用股價走勢圖來掌握目前股價所在的位置後，請自行思考當前走勢發生的原因。

　　不肯自己動腦深入思考，只會追高殺低的投資方式，風險相當高，應特別留意。

1. 個股若為 1949 年以後才上市的公司，要盡可能回溯過去的股價走勢，並以現價為起點，畫出一條橫線。
2. 在橫線上方的面積越大，代表持股有未實現虧損的投資人占比較多；橫線下方的面積越大，研判持股有未實現利益的投資人占比較多。

　　有些個股在觀察區間內，股價會反覆出現波動，不見得都是持續上漲或下跌。

　　就長線來看，或許這些個股的股價並沒有在上漲，但我對它們其實並不排斥。因為回顧過往的股價變遷，某種程度預期個股股價對利多、利空消息會有什麼反應，並確定漲跌上限、下限都在一定範圍內時，我們就能祭出另一套簡單的投資手法——**股價接近下限時買進，快到上限時賣出。**

　　尤其景氣循環股中，很多個股的股價走勢，都會呈現這樣的傾向。個股業績會單純因為景氣暢旺而成長，帶動股價

上揚；反之，當景氣惡化，業績變差時，股價就會下跌。

　　然而，操作景氣循環股說起來容易，做起來卻沒這麼簡單。景氣循環股的一大特色，就是業績攻頂或觸底時，股價大多早在六個月至一年前就已先行反應。因此在熟悉這項特性之前，投資人往往會心生懷疑，覺得「業績這麼好，為什麼股價漲不動？」

　　其實要處理這樣的問題，重點同樣在於觀察既往的業績與股價推移，以找出個股的特性。

　　股價長期在固定範圍內推移的個股：

- **股價的上、下限範圍固定，容易設定買賣點。**
- **某種程度上，可預期股價對利多、利空消息的反應。**
- **可充分利用個股特性，多次買賣同一檔個股。**

　　因為個股具備上述特質，故「在接近股價下限時買進，快到頂部時賣出」的投資策略可以成立（見圖 2-3）。

　　我認為投資股票時，如何降低損失，管控風險，會比追求「賺大錢」更重要。

　　一檔有機會翻漲兩、三倍，也可能暴跌的個股，股價變動率往往偏高。投資人在選擇投資這種個股時，很可能只注意到股價的變動。

圖 **2-3** 若股價都在一定範圍內，且公司業績和資產沒有太大變化，
就可在接近股價底部時買進，在快到頂部時賣出，從中獲利

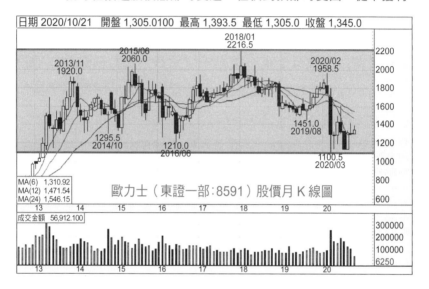

我反而比較喜歡股價變動率小，看起來很不起眼，卻能
穩健累積資產的企業。

這樣的個股或許不會大漲，可是漲幅一定比大盤平均
多；相反地，它們或許不會大跌，可是跌幅會比大盤平均
深。就結果而言，持有幾檔這樣的個股，就能賺到比大盤平
均更高的獲利。

看懂 K 線，有利無害

即使用現價畫出橫線後，發現上方面積比較大，許多持股的投資人都還有未實現損失，且業績不見成長的公司，有時股價也會因為些許利多消息而彈升。

股價總是因為投資人的期待與不安，而漲太多、跌太深。當市場上出現利空消息時，一檔股價持續走跌的個股，對利空其實已有一定的預期；出現利多時，對這檔個股來說會是出乎意料的驚喜，股價反而容易漲。

至於持續上揚的個股，像是前文提過的 WORKMAN 和 Seria 等，只要稍有利空傳出，就有可能會反應過度，導致股價下跌。

認清個股在面對預期外的利多、利空消息時，敏感程度各有不同，也是我們在選股時的一大重點。

盡可能往前回溯，用最長的時間軸，看股價從過去到現在的變遷，就能看到以往在出現利多、利空消息的情況。從走勢圖中讀出個股當時在股價上的反應，也是很重要的一項功課。

這時候，懂得觀察走勢圖上的 K 線形狀，對投資人會很有幫助。

所謂的 K 線，就是用一個如蠟燭般的長方形狀，來呈

圖 2-4　看 K 線形狀就能了解股價變化

| 紅 K 線 | | 黑 K 線 |

收盤價　　　　　最高價　　　　　開盤價

開盤價　　　　　最低價　　　　　收盤價

- 開盤價：期間內最初的報價
- 收盤價：期間內最後的報價
- 最高價：期間內最高的報價
- 最低價：期間內最低的報價

現「開盤價」、「收盤價」、「最低價」和「最高價」這四
個價位的技術指標（見圖 2-4）。相傳 K 線源於日本，是米
糧商人本間宗久，在開設於江戶時期，號稱全世界第一個進
行期貨交易的「大阪堂島米會所」創造出來的工具。

　　K 線呈長條狀，長度越長代表股價的「波動率」越高。
波動率數值越大，代表股價容易上下震盪，因此可以說是風
險較高的個股。

　　前文介紹過 WORKMAN 這檔個股，它的 K 線很長，股

圖 2-5　K 線長、波動率高，有機會大賺，也可能慘賠

價波動率很高，所以是一檔有機會讓投資人大賺，也有可能
讓投資人慘賠的個股（見圖 2-5）。

　　相形之下，青山商事的股價就是持續走跌，K 線越來越
短，因此波動率也越來越低。所以，未來這檔個股要再慘賠
的機率也越來越低，可說是逐漸接近進場投資的良機。

　　我個人偏好股價一路走跌，K 線越來越短，而且已經沒
有太多下跌空間的個股（見圖 2-6）。

　　如果用超市裡賣的便當來比喻的話，這種個股就像是傍

圖 2-6　K 線短、波動率低，大賺或慘賠的機率較低

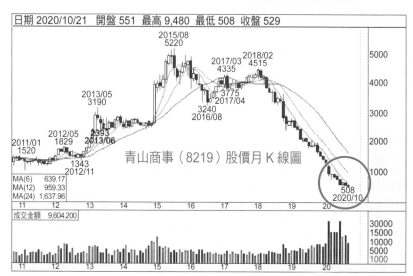

日期 2020/10/21　開盤 551　最高 9,480　最低 508　收盤 529

晚已先打五折，到打烊前還會打兩折賣的便當。

　　打到兩折時，價格已不再有往下探底的空間。再來要留意的，就是便當的內容了。以價值投資而言，「淨值」就是我們的觀察重點。若再以便當來比喻的話，既然便當已經打到兩折，那麼即使裡面有一點我們不愛吃的配菜，或許還是值得買進。

　　況且投資人對這些個股的股價，已經不再懷抱上漲的期待。正因為注意到它們的投資人是少數派，所以我們才能「用比別人便宜的價格買進」這些個股，將它們列為價值投

資的標的。

　　當個股已在市場上獲得相當高的評價時，需要出現人人都震驚的利多消息，股價才可能再漲兩倍、三倍。然而，如果個股股價持續低迷，投資人都已對它不屑一顧時，只要傳出一點利多，都有可能讓人對它大大改觀。

　　反之，即使傳出利空，市場反應也只是「唉，又來啦？」「果然如此」等置之不理的態度時，股價大多已經沒有再探底的空間。

　　像這種股價已無太大探底空間，反彈時漲幅很大的個股，是很值得我們鎖定的目標。

　　像鋼鐵等容易受到景氣影響的類股，屬於「景氣循環股」，碰到疫情這種景氣低迷的時期，股價就會出現前所未有的低檔。鋼鐵已是不折不扣的夕陽產業，處境就像是隨時都貼著兩折標籤的便當。

　　認為未來鋼鐵類股還有成長空間的投資人，在市場上是絕對少數，所以更值得我們鎖定。如果公司的資產內容很有看頭，企業又能發揮新創意，厚植足以渡過夕陽時代的實力，那就是一檔相當理想的價值投資標的了。

　　在股海打滾這麼多年，我看過很多一度積弱不振的企業，後來竟跌深反彈，上演大復活戲碼的案例。

　　接下來要介紹的這個案例，不是鋼鐵類股，而是一家曾

在名古屋證券交易所 Centrex[*]掛牌的企業，名叫「日本商業開發」（現為東證／名證一部：3252）。

現在的日本商業開發，擅長以獨創的「地主事業」（JINUSHI business）手法，透過「事業用定期借地權」[†]的形式來進行不動產投資，但他們也曾出現過鉅額的虧損。

當時正巧有一場「名證 IR EXPO」的活動，日本商業開發公司也有設攤。我趁著這個機會，在現場與公司董事聊了一個多小時，詢問公司虧損的主因，以及公司未來的展望等。聽完之後，我就確信這家企業的業績不會再惡化，並決定買進。

當時這家公司的股價還在低檔，總市值也才不過 3 億日元左右，流動性相當差。我花了好幾個月的時間，一點一滴地加碼買進。

後來，這家公司一如我的預期，業績轉虧為盈，股價也隨之大漲。我在股價上漲的過程中逐步獲利了結，到股價翻漲 10 倍時全數脫手賣出，是我股市生涯當中的第一檔「十倍股」（附帶一提，後來股價還一路上漲，最高曾翻漲到 300 倍之多）。

---

* 名古屋證券交易所轄下的新創企業部，成立於 1999 年 10 月。名古屋證券交易所共分三部，分別為名證一部、名證二部和 Centrex。
† 指定做商業使用的一種定期地上權租賃，合約期間得設定為十年以上，未滿五十年。

　　只不過，這種個股的股價，要再繼續低檔盤旋個幾年的機率，也並非全無可能。況且也有像鋼鐵類股這種循環波段很長，股價一旦向下，就要花很多時間才能反彈的個股，投資人有時恐怕無法耐心等待那麼久。

　　遇有這些情況時，投資人須隨機應變。

判斷股價被低估的三大工具

　　至於 PER，也並不單純只是「PER 低＝股價偏低」。

　　要判斷股價是否被低估，「水平比較」、「垂直比較」和「市場比較」，是最不可或缺的工具。

　　所謂的水平比較，就是比較不同業種之間，或是相同業種內各企業目前的表現。

　　主要業種包括「資通訊」、「機械」、「鋼鐵」、「零售」和「服務」等。其實還可用股價、主題等特性來為個股進行簡易分類，也就是所謂的「行業」。

　　不同業種的類股，平均 PER 也各不相同。像在日本股市有所謂「重厚長大」[*]的類股，也就是像鋼鐵類的成熟產

---

[*]　早期日本用來形容重工業常用的詞彙，例如造船、鋼鐵等。相反詞是「輕薄短小」。

業，PER 就會低於大盤平均表現，因而被評定為股價偏低。

相對地，像服務業或軟體業這種資通訊業界，PER 都會優於大盤表現，以致於個股被評定為股價偏高。

PER 這項指標，在成熟業界容易呈現低檔，在如日方中的企業則容易上揚。

日本證券交易所集團（JPX）的官方網站上，每個月都會公布各市場、業種的平均 PER 和 PBR。

一般的價值投資，會考慮的是投資那些平均 PER 較低的業種，因為 PER 偏高的個股在市場上已經備受期待，所以不知道股價還會不會再往上漲。

然而，在比較不同業種時，個股股價偏低與否的標準也會有所不同。

假如大盤的平均 PER 是 10 倍，成熟的鋼鐵產業整體 PER 為 5 倍，成長中的資訊業界則為 30 倍。某 A 公司是鋼鐵業，PER 為 5 倍；某 B 公司是資訊業，PER 為 15 倍。若不考慮行業差異，直接比較 PER 的話，投資人往往會認為 A 公司股價比較被低估。然而，A 公司的 PER 在業界只算平均水準，B 公司的 PER 則是業界平均的一半，因此就這個案例來看，B 公司的股價較偏低。

接著，我們要做的，是相同個股的垂直比較，換言之，就是要回溯過往，整理出該檔個股獨有的評價。

　　即使個股在水平比較中，PER 數值偏低，股價乍看似乎被低估，但還要再比較該檔個股過去與現在的 PER 表現如何。《四季報》裡會揭露個股過去三年的平均 PER，不過我會再找更久之前的《四季報》、《決算短信》和《有價證券報告書》，回溯更久遠之前的 PER。

　　當 PER 變小，表面上看起來股價偏低時，在垂直比較中，就會出現以下兩種型態：

　　例如某企業股價為 1,000 日元，每股盈餘為 100 日元，PER 是 10 倍。當它的 PER 降到 5 倍時。

> 型態一：股價腰斬到 500 日元，每股盈餘仍為 100 日元。（業績
> 　　　　不變，股價下跌）
> 型態二：股價仍為 1,000 日元，每股盈餘增加到 200 日元。（業
> 　　　　績成長，但股價還沒追上）

　　價值投資要鎖定的是「型態二」，因為冷門的非成長產業，有時即使業績成長，股價還是漲不動。

　　此外，我還會特別留意個股在哪個市場上市，也就是不同股票市場間的比較。尤其是在股市深受新冠肺炎疫情影響的 2020 年，不同市場間的比較，更顯得格外重要。

　　日本國內就有好幾個股票市場，但通常走勢都差不多。

水平比較＝目前的比較（不同業種，或同業種內的比較）。

垂直比較＝往前回溯，進行個股自己比較。

市場比較＝比較東證一、二部，以及 MOTHERS、JASDAQ 的
　　　　　指數。

　　舉例來說，2008 年爆發金融海嘯時，所有市場的指數
都呈現下跌局面，2018 年也出現過相同的現象。

　　然而，在 2020 年時，各主要市場的指數竟出現了極
大的落差。從年初起的股價漲幅如下（結算至 2020 年 10
月）：

日經平均：跌 1.04%

TOPIX：跌 6.02%

東證二部：跌 14.06%

JASDAQ 平均：跌 3.76%

東證 MOTHERS 指數：漲 46.25%

　　從以上就可以一目瞭然。漲的只有 MOTHERS，其他
市場的指數都在跌。其中跌幅最深的是東證二部，指數與
MOTHERS 的差距竟高達近 60％。這是因為在 MOTHERS

掛牌的企業，多半不容易受到疫情影響；或是在景氣動向不明的情況下，高成長性的企業更受矚目，甚至還成為疫情受惠股。

即使 MOTHERS 的指數上漲，當中多數成長企業的估值都偏高——針對企業獲利（PER）和資產（PBR）等，進行企業價值評估，無法列為價值投資股的投資標的。

若以 2020 年的狀況為例，應該在 MOTHERS 以外的下跌市場裡，鎖定財務體質健全，市場評價低於企業內在價值的權值股來投資。

因為很多小型股都是欠缺經營體力的企業，恐怕無法撐過疫情影響；而財務體質健全，經營體力充足的權值股，較有機會安渡危機，待大環境改變，業績和股價就會回升。

以這樣的觀點分析過後，我選擇投資的，是東日本旅客鐵道（JR 東日本／東證一部：9020）和三菱地所。後文會再詳述。

在「成熟產業」、「夕陽產業」找出價值股

投資股票時，選擇投資人工智慧（AI）或機器人類股等將來有望大幅成長的領域，固然是一種方法；在人口減少的

社會中，選擇投資預估已難成長的成熟產業，或未來需求可能萎縮的夕陽產業，也是一個方向。

我個人偏好的是後者，也就是在成熟產業或夕陽產業進行價值投資。

成長產業在市場上備受關注，成長更是備受期待，因此PER 也偏高，很難成為價值投資的選股標的。這些個股能否拿出超乎市場期待的成長，也還是個未知數。

更何況看人工智慧或機器人產業就知道，成長企業必須在全球市場的競爭中勝出。它們隨時都曝露在全球激烈的競爭環境之下，因此要從中找出「勝利組」，恐怕更難上加難。

日本的家電製造商曾長期穩居世界龍頭，讓日本享有「電子立國」的美稱。然而，後來日本無法在國際競爭中勝出，如今只能屈居韓國、中國和台灣等國的大廠之後，望塵莫及。

相對地，成熟產業的成長空間已相當有限，也無法期待這些企業賺進高額的利潤。不過也因為這樣，業界少有新的競爭者，也不必面對激烈的全球競爭，對未來的展望相對明確，是這種個股的一大優點。

在這樣的成熟產業當中，也有些企業靠著併購等手法來提高市占率，進而拉抬業績、創造獲利。這種企業，就很有機會成為資產型價值投資的候選標的。

在成熟產業中發動的併購案例，同業往往都能以「低於被收購企業淨值」的金額成交，故有時可推升股價。

在成長產業的併購案件當中，一家淨值只有 10 億日元（約新台幣 2.5 億元）的公司，出售價格有時甚至可以喊到百億日元之多。這是因為近來的成長企業，會因為擁有數據資料、軟體和商標等無形資產的價值而受到關注，不只是看得到的有形資產。

無形資產因為沒有實體，所以難有明確的評價標準。前文提到的 90 億日元（約新台幣 22.5 億元），未來在發動收購的企業帳上，要將這筆淨值與收購價的差額認列為「商譽」。當企業業績惡化時，需評估商譽價值減損，等於股價可能受到「業績惡化」+「商譽價值減損」這兩大利空的影響，而籠罩在風險之下，因此無形資產往往容易成為重創股價的主因。

而在成熟產業的併購案中，有時淨值達百億日元的公司，買家可以 50 億日元（約新台幣 12.5 億元）的價格就買到——只要該公司被認定今後事業將持續萎縮，那麼即使現在有百億淨值，有時還是會被判定只有 50 億日元的價值。

此時，差額的 50 億日元，在收購方的帳上就會被認列為「負商譽」。以 50 億日元的價格，收購一家淨值有百億的企業，等於是賺了 50 億日元的差額。如此一來，收購同

業既可增加自己的市占率，自家企業的淨資產也會隨之上升，對收購方而言可說是一石二鳥，甚至還可能成為推升股價的利多消息。要是能盡早買進這樣的個股，應該就可以說是很成功的資產型價值投資了。

財報頁數少，企業商業模式相對簡單

《決算短信》和《有價證券報告書》這兩份資料，和投資人手邊一定要有的《四季報》一樣，都是我希望每位投資人務必要看的工具。日本的上市公司每季（三個月）都會結帳一次，並發表《決算短信》和《有價證券報告書》。

決算短信是用來呈現企業業績好壞的資料，除了在各上市公司官方網站的「投資人關係」（IR）專區可以自由瀏覽，也可在「EDINET」等網站參閱。*投資人可從中找出比《四季報》更詳細的資訊。

《決算短信》和《有價證券報告書》的資訊量（頁數），上市公司各有不同的做法。投資新手建議還是先從頁數少的公司開始操作。

---

* 台灣可參考「公開資訊觀測站」。

　　像銀行這種商業模式較為複雜的企業，《決算短信》和《有價證券報告書》的頁數往往偏多。例如三菱 UFJ 金融集團（東證／名證一部：8306）2020 年 3 月期的《有價證券報告書》，就多達 259 頁；我個人也有持股的宇野澤組鐵工所（東證二部：6396），2020 年 3 月期的《有價證券報告書》則只有 81 頁，不到三菱 UFJ 的三分之一。

　　《決算短信》和《有價證券報告書》越薄，通常代表企業的商業模式越簡單易懂，投資人也比較容易預測業績未來的發展。

　　我是全職投資人，所以不管《決算短信》和《有價證券報告書》的頁數再多，都會從頭到尾細讀過後再投資；想靠投資股票賺外快的上班族股民，恐怕就沒有那麼多時間了。

　　既然如此，不妨聚焦閱讀在做投資判斷時，能讓自己放心、認同的項目，不必每頁都細細閱讀。

　　如果要操作資產型價值投資，希望可以仔細閱讀公司資產負債表當中，載明資產細目的幾個部分，包括「現金及約當現金」、「有價證券」、「土地」和「建物」等。針對這個部分，我想留待第 3 章再詳述。

　　在此，我想就上述幾個項目之外，投資人在《有價證券報告書》上應特別留意的幾個事項。

假設現在有一家會提供認股選擇權（stock option）[*]，給員工的企業。

倘若目前這家企業的股價是 1,000 日元（約新台幣 250元），行使股權認購的價格是 1,500 日元（約新台幣 375元），那麼除非股價漲到 1,500 日元，否則行使認購權就沒有意義了，因此企業必需拉高股價才行。

拉高股價之後，就能提高具認股資格的員工或董監事對股價的關心，進而讓認股選擇權成為帶動業績成長的績效獎金（incentive）。

反之，倘若認股選擇權只提供給部分董監幹部，或行使股權認購時的價格低於市價，那麼董監幹部在行使認股選擇權之後，即使立刻賣出也能獲利。因此就一般投資人的投資標的而言，這並不是很理想的公司。

此外，除了認股選擇權，上市公司還有一種機制，就是透過「員工持股會」的形式，讓員工取得自家公司股票。這時，由於員工可以用低於市價的價格（折扣約為 5% ～ 20%，各家企業略有不同）買股，如果各位任職的公司業績表現出色，股價長期都很穩健，那就值得善加運用這一套制度買股。

---

* 可以特定價格取得自家公司股票的權利。

　　如果企業連提撥給員工持股會的股份，都以「買入庫藏股」的方式向市場收購，那麼每股的價值就不會被稀釋，又不會損及一般散戶的權益，我認為是很理想的做法。

　　至於在績效獎金方面，有些公司會依營收成長多寡，以及公司在業界的排名，來決定發放多少績效獎金。這樣的做法，有助於激發董監幹部致力推升營收與排名的幹勁。

　　我個人一定會在這些資料當中確認的，是企業如何描述對股東的股利回饋政策。

　　若能清楚地做出「配息基本上有 50 日元（約新台幣 13元），配息率會視獲利表現，拉高到 40％」等說明，這樣最乾脆。所謂的「配息率」，就是全年配息在當期淨利當中的占比。

　　如果再寫出「會視情況以配息和買入庫藏股的方式，執行這 40％的股東回饋」，那就是股市中的超級模範生了。

　　企業買回自家股票，也就是所謂的實施「庫藏股」，有兩種做法：一是直接在股票市場上收購，二是透過東證盤後交易系統（Tokyo Stock Exchange Trading Network System, ToSTNeT）交易，以「盤後交易」的方式取得股份。買入庫藏股和配息一樣，也是回饋股東的方式之一。

　　由於第一種做法是直接在市場上收購股票，能拉抬自家股票在市場上的需求，具有推升股價的效果；買入庫藏股能

讓公司在外流通的股數減少，也有助於拉抬每股盈餘的表現。

此外，若企業 PBR 在 1 倍以下時，買入庫藏股還可提高每股淨值。如此一來，每股盈餘和每股淨值便可同步提升，對現有股東的回饋更優渥。

反之，倘若企業的描述很空洞，例如像是「以長期穩定配息為目標」等時，除非該檔個股的配息率和現金殖利率本來就很高，否則這樣的描述，意味著企業無意提高配息，更代表了企業並沒有好好面對股東，很難期待他們還會願意透過買入庫藏股或配息來回饋給股東。

實地走訪，找出在地優質企業

當今社會，只要連線上網，就能隨時取得各種資訊。不過，要投資股票，住在日本首都東京，還是很有優勢。

東京是流行文化的最前線，還能讓人切身感受到經濟的動態變化。在這裡要找到一些投資選股的靈感，機率相對還是比較高。

然而，這麼多人都住在東京，投資理財的人也多，因此想當個少數派，找出隱藏的股價偏低個股，逢低買進，再以高價賣出，競爭對手當然也比較多。

　　我住在日本中部岐阜縣。在地方城市落戶，對於實踐價值投資其實有好處，也就是運用所謂的「地利之便」來投資操盤。只要認真找找，就會發現滿多在地方上家喻戶曉的優良企業，在東京根本沒沒無聞。

　　像是發展成衣品牌「優衣庫」（UNIQLO）的迅銷（Fast Retailing）集團（東證一部：9983），就是從山口縣發跡的企業，當初甚至還是在廣島證券交易所掛牌（廣島證券交易所已於 2000 年結束營業）；宜得利（NITORI）控股（東證一部／札證：9843）也是一家將總部設在北海道札幌市的公司，在札幌證券交易所也有掛牌。

　　這兩家企業後來都發展成業界最具代表性的大企業，在東證一部風光掛牌上市。要是當年他們還只是一方之霸時，就注意到它們的表現，並進場買股，應該可以賺得相當可觀的獲利。

　　1998 年，優衣庫在日本掀起刷毛衣旋風時，我親眼看到人山人海的優衣庫門市，心想：「這波熱潮的威力還真是驚人。」

　　過了好一段時間，我才知道發展優衣庫品牌的迅銷集團也是上市公司，懊悔不已。即使如此，後來我買進它的股票，仍成功賺得豐厚的獲利，對我而言是一檔充滿了回憶的個股（見圖 2-7）。

其他還有像是經營連鎖咖哩餐廳 CoCo 壹番屋的壹番屋（東證一部：7630，現為好侍食品集團總公司旗下的合併營收子公司）等，從地方起家，發展成全國連鎖品牌的企業，其實還真是不少。CoCo 壹番屋後來還跨出日本，插旗全球 13 個國家、地區，甚至還在正宗咖哩的發源地印度也開設了門市。

在地型優良企業開始聲名遠播，且知名度反映到股價前，中間會有一段時間差。若能巧妙地運用這段時間差，趁股價偏低時買進個股，就是一波獲利可期的價值投資。

住在地方城市的投資人，不妨先搜尋一下地方上有哪些企業的總公司，檢視這些企業是否有望成為下一個迅銷集團或宜得利控股。要是在地找不到這樣的企業，再往周邊熟悉的地區找找也無妨。

股友教了我一個很有趣的方法 —— 只要多聽地方電台的廣播，就能找出在地的優良企業。

我試著查了一下，長期贊助廣播整點報時的廣告贊助商中，後來股價大漲的案例還真的是不少。

例如知名的工具網購品牌，號稱「工廠好夥伴」的「物太郎」（MonotaRO，東證一部：3064），或是以「白飯多吃好幾碗」為廣告詞，泡菜產品家喻戶曉的醬菜大廠「披蔻斯」（PICKLES CORPORATION，東證一部：2925），還有

圖 2-7　迅銷集團在 1998 年掀起刷毛衣熱潮後，
股價短短一年就飆漲了近 60 倍

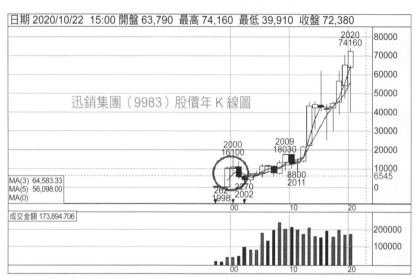

日期 2020/10/22　15:00 開盤 63,790　最高 74,160　最低 39,910　收盤 72,380

迅銷集團（9983）股價年 K 線圖

成交金額 173,894.706

豆腐大廠「山海」（Yamami，東證一部：2820）等，都是長期冠名贊助廣播整點報時的企業。這些在地企業和它們獨特的廣告歌曲，在當地都長年深受民眾的愛戴。

這樣的企業，業績很可能在景氣寒冬時不會也受創太深，甚至還會展現過人毅力，持續成長。

此外，還有一招有趣的方法，就是上網搜尋在地年輕人都約在哪些地方聚會。

例如我在網路上輸入「岡山／二十多歲／聚會地點」

後，排在前幾名的搜尋結果，都是一些在東京根本名不見經傳，但在地人都知道的店家。由於這些商家深受年輕世代的擁戴，所以店家背後的企業團隊，或許就有相當程度的成長空間。

找尋在地型的投資標的，好處是它們目前多半只在部分地區展店，事業規模也小，一旦把事業版圖拓展到全國，業績就會有很大的成長空間。住在都會區但老家在鄉下的投資人，不妨趁返鄉時調查一下在地的商家，也是個不錯的方法。

不論是《四季報》、《決算短信》或《有價證券報告書》，刊載的內容都只不過是既往的資訊。最新的資訊，總是要在現場才看得到。

我有時也不免會透過《四季報》和《有價證券報告書》等管道，找尋新的投資標的。不過，外出用餐、購物時，我總會順便觀察街頭，如果發現有意思的商品或服務，就會當場拿出手機，確認相關企業有沒有掛牌上市。等回到家之後，再仔細地分析一番。

如果那個行業原本就是自己熟悉的領域，仔細分析能更加深理解，也能提高投資選股的精準度。例如喜歡時尚的人，或許就可以比其他投資人更早預期迅銷集團勢如破竹的崛起；同樣地，喜歡家飾的，或許就能更早察覺宜得利即將把事業版圖拓展到全國的徵兆。

無論如何，凡是餐飲或零售等所謂的 B2C（企業與消費者之間的商業往來）事業，我們都可以親自到門市現場，親眼確認銷售狀況。覺得自己不擅熟讀《決算短信》或《有價證券報告書》的人，用這種實地走訪的方式，找出適合投資的個股，也不失為一法。

投資不靠別人，要自己動腦思考

我的推特帳號上，常會有人來詢問這樣的問題：

「我有買○○，你對這一檔有什麼看法？」

「我不知道該怎麼學習投資股票，能不能請你推薦一些書，或一些合適的學習方法？」

這些問題多半都有一個共通點，那就是提問者都有「放棄自行判斷，打算靠別人的判斷來投資操盤」的心態。

參考別人的意見並不是壞事。我相信很多投資人在初入股市時，也都是從依樣畫葫蘆開始做起。然而，只是一味地模仿，無法發揮自己的優勢。我們要自己動腦，思考「自己擅長什麼事？」「目標資產金額是多少？」養成自行判斷的習慣，再參考別人的意見或向其他人諮詢。

起初難免會有些不安，我也很能體會想依賴別人的心

情。可是，畢竟我們身邊不見得隨時都有人能當靠山。不論是賺是賠，投資人都要自己動腦思考，否則就無法正確地評估自己的判斷合宜與否，投資功力也很難有所長進。

採取「仰賴他人」的投資策略，不僅很難做好價值投資，恐怕連投資股票都很難如願獲利。

積極學習汽車的運轉機制，把汽車結構摸得一清二楚，是不是就能把車開得駕輕就熟？恐怕是兩回事。同樣地，投資股票的重點，在於理論與實務要齊頭並進。

班傑明·葛拉漢的《智慧型股票投資人》是我的投資聖經，然而更重要的，是我如何把在這本書裡學到的知識，落實到投資實務上。所以我們應該自己動腦思考，再採取合適的投資行動，而不是一直仰賴別人。

就算在投資過程中出現虧損，只要我們能從中學到教訓，那麼這個經驗，就會比我們損失的金額來得更有價值；反之，即使我們在投資過程中獲利，但原本自己設定的論述早已瓦解，能賺錢只是單純因為走運，那麼未來就很難再複製這樣的經驗，對日後的投資毫無助益。

現在我會透過網路，即時取得投資所需的各項資訊，和初入股市時已不可同日而語。上市公司也很積極揭露各項資訊，讓投資人不再像早期那樣資訊不對等，只能任憑證券公司的擺布、被迫買股，最後釀成慘賠的悲劇也減少了許多。

　　如今，我已能廣泛而深入地蒐集資訊，以預測景氣與個股的成長空間有多少，再自行做出「這檔個股被低估，資產也累積到了一定程度，所以未來應該會有獲利，企業也會有所成長」之類的判斷，才進場投資。

　　重要的是，我們不該只是因為個股股價看起來很便宜，就盲目進場加碼，而是要仔細了解它為什麼股價偏低，並加深對個股的理解，直到自己的買進判斷能說得通，讓聽過的人都認同，才發動買進攻勢。

　　價值投資是一種聚焦關注企業內在價值與股價落差的投資方法。投資人的情緒不會被眼前的股價漲跌所牽動，而是當個股股價相較於內在價值偏低時，逢低買進。

　　倘若太過拘泥於短線的賺或賠，就學不到真正能幫助我們提升投資功力的心法了。

　　不論投資是賺是賠，有反省就有學習，有學習才能讓我們在投資路上不斷成長。而我認為，享受這樣的過程，也是投資股票的醍醐味之一。

　　我推薦大家使用的這一套價值投資法，是「低風險、中報酬」，因此要長期持有，才能發揮它真正的價值。若能打持久戰，且把獲利再投入股市，利用「長期」與「複利」的效益來操作，就能幫助大家賺進鉅額資產，持續朝億元資產邁進。

　　要長期在股海中悠遊，而不是草草退場，那麼「開心玩」的心態絕不可少 —— 畢竟既不喜歡又不開心的事，恐怕很難持續下去。

　　投資股票已和早期大不相同，只要有少許資金就可進場投資。投資人不妨試著操作，如果覺得不適合，再賣股退場也無妨。

　　沒有實際操作經驗就想東想西，擔心「買股票真的好嗎？」或覺得「我還是怕賠錢」等，還不如先試著投資再說。

　　找一家證券公司開戶，先買個 100 股也無妨。總之不出手買股票，就不算是參與過股市，也不會興起「想認真觀察股價變化」的念頭。

　　買進價值股後，要針對該檔個股進行一段時間的定期觀測。定期觀測一段時間後，如果股價在跌，就表示我們買進的時機太早了一點；如果股價在漲，就表示我們買進的時機很理想。

　　如果日經平均等指數在漲，可是我們買進的個股卻在跌，就要特別留意，這表示個股可能隱藏著什麼特別的原因，建議投資人不妨仔細想想原因何在。

　　倘若我們的思考，只停留在「跌了就是賠，漲了就是賺」的階段，那就難期待自己的投資功力進步。

　　這檔個股為什麼漲？為什麼跌？試著自己推敲背後的原

因，並把這一次投資所學到的教訓，運用到下一次的投資操作上。接著不妨再增加投資金額，或增加投資的個股數量。

　　像這樣自己掏出錢來買到的一次次經驗，都會成為寶貴資產，未來更能在投資路上不斷成長。

第 3 章

要存就存變現力高 的「Net-Net 股」

在資產型價值投資中，助我累積出可觀資產的最大功臣，就是我投資的「Net-Net 股」。

所謂的「Net-Net 股」，是向我的股市導師班傑明‧葛拉漢學來的概念。簡而言之，就是找出「裝著 10,000 元現鈔的皮夾，卻只開價 5,000 元」的個股。

要是市面上真的有賣這種皮夾，想必人人都會趨之若鶩。其實在股票市場中，只要用心找尋，就能偷偷買到這種商品，也就是所謂的「Net-Net 股」。

用流動資產減去負債，算出「淨流動資產」後，再拿來和股價相比，若股價偏低，就是「Net-Net 股」。

班傑明‧葛拉漢在《智慧型股票投資人》一書中，建議投資人買進「當公司被收購、立刻辦理清算時，剩餘資金會高於收購金額」的 Net-Net 股。

他對 Net-Net 股的定義如下：

葛拉漢式 Net-Net 股

$$淨流動資產（即「流動資產 - 負債總額」）\times \frac{2}{3} > 總市值$$

我個人用的方法，比葛拉漢更簡單。我只把重點放在

「變現力」，並將滿足以下條件的個股，定義為「股千式
Net-Net 股」：

股千式 Net-Net 股

高變現力的流動資產 - 負債總額＞總市值

在葛拉漢式和股千式的 Net-Net 股公式中「總市值」都
一樣。

所謂的總市值，可用「目前股價 × 發行股數」來計
算，也就是要買下整家公司時，所需要付出的金額。

例如 A 公司的股價是 1,000 日元，發行股數是 1,000 萬
股，總市值就會是：

股價 1,000 日元 ×1,000 萬股＝ 100 億日元（約新台幣
25 億元）。

換言之，目前市場評估 A 公司這家企業的價值，就是
100 億日元。

葛拉漢式和股千式的差異，在於不等號前的部分。

葛拉漢式會用「流動資產」減去「負債總額」，計算出
淨流動資產（見圖 3-1）。

圖 3-1 「淨流動資產」是用「流動資產」減去「負債總額」

流動資產	負債總額
	淨流動資產
固定資產	淨值

　　所謂的「流動資產」，就是在正常情況下，可透過營業活動於一年之內變現的資產；而這裡減去的「負債總額」，指的是企業的各種負債，包括借款、應付票據和帳款等。

　　假設 A 公司的流動資產總額共有 300 億日元（約新台幣 75 億元），負債總額有 150 億日元（約新台幣 37.5 億元），兩者相減後剩下的 150 億日元，就是淨流動資產。

　　當 A 公司手頭剩下的淨流動資產有 150 億日元，卻可用 100 億日元收購時，就等於是「一個裝有 150 億日元的皮夾，只要花 100 億日元就能買到」。就資產面來看，是股價嚴重被低估的個股。

　　不過，葛拉漢式的「淨流動資產」中，還包括了不見得可以立刻變現的商品（存貨）和原物料等項目。

　　舉例來說，成衣業者的冬衣存貨，到了春天就會賣不掉。如果要放到明年冬天再拿出來賣，就會衍生保管成本，商品也會退流行。就算真的賣得掉，商品價值可能已經大打折扣。

　　因為要考慮這些不確定因素，所以在葛拉漢式中，會以「$\frac{2}{3}$」這個比較保守的數字，來評估淨流動資產的價值。

　　然而，在葛拉漢的著作中，並沒有就這個「$\frac{2}{3}$」提出明確的根據或原因。例如商品在流動資產中占大宗的零售業，或是原料、產品等占比偏高的製造業，可能會因為這些流動資產貶值，使得淨流動資產跌破葛拉漢所設定的「$\frac{2}{3}$」這道基準線。

　　有時也可能出現總市值高於淨流動資產，導致個股不再屬於 Net-Net 股的情況。

　　因此在股千式的 Net-Net 股公式中，為了排除上述這些風險，會將商品、半成品、原物料和產品等項目，都給予保守的評價，也就是以「零」來計算。

　　至於企業所持有的「投資性有價證券」，一般認為是屬於變現力較高的資產，所以通常會被分類在固定資產；但其實可視為是高變現力的資產，因此在股千式的做法當中，會把它們加到資產裡。

　　用這些資產的總額，減去備抵呆帳後，算出來的金額就

> 高變現力的流動資產＝現及約當現金＋應收票據與應收帳款＋有價證券＋投資性有價證券－備抵呆帳

是「高變現力的流動資產」。

如此一來，我們就能排除葛拉漢式中，在淨流動資產方面的不確定因素；而商品、半成品、原物料和產品等項目，只要是能變現的，都能加計為流動資產。因此相較於葛拉漢式的做法，更能判斷個股優劣。

這裡出現了很多不常看到或聽到的詞彙，或許投資人會覺得很難理解。不過，只要備妥資產負債表和計算機，人人都會算。

「現金及約當現金」、「應收票據與應收帳款」和「有價證券」，都會列在資產負債表中的「資產」下的「流動資產」裡。

「現金及約當現金」指的是現金或近似現金的資產。「應收票據」則是企業在售出商品後，以票據形式保有的價金請領權；至於未以票據形式保有的價金請領權，就是所謂的「應收帳款」。

這裡的「有價證券」，主要包括了「交易目的有價證券」，以及「持有至到期日，且一年以內到期之有價證

> ### Net-Net 指數越低，股價越是被低估
>
> 總市值 ÷（變現力高的流動資產 – 負債總額）= Net-Net 指數
>
> Net-Net 指數未滿 0.66 ＝很便宜
>
> 未滿 0.5 ＝超級便宜！

券」；而「投資性有價證券」則包括了「持有至到期日，且到期日在一年以後之有價證券」、「子公司、關聯企業股權」和其他有價證券等。

最後要減去的是「備抵呆帳」。認列在「流動資產」的備低呆帳，是為了應收帳款及應收票據的呆倒帳所提撥的準備；認列在「投資其他資產」的備抵呆帳，是為了「以控制子公司或關聯企業為目的的債券」而提撥的準備。儘管名目都是「備抵呆帳」，但兩者意義卻大不相同。

我把用「總市值 ÷（變現力高的流動資產 - 負債總額）」算出來的數值，稱為「Net-Net 指數」。而股千式 Net-Net 股的基本選股門檻，就是 Net-Net 指數必須不到「1」。

若 Net-Net 指數未滿 0.66，就可視為一檔很便宜的 Net-Net 股；若未滿 0.5，則可給予「超級便宜」的評價。

Net-Net 股實例① 持有績優企業股票的公司

昭榮藥品是我實際持有的一檔 Net-Net 股。

在結算至 2020 年 6 月 30 日的資產負債表中（見表 3-1），昭榮藥品的表現如下：

單位：日元

變現力高的流動資產	132 億 6,210 萬 9,000
現金及約當現金	9 億 5,083 萬 3,000
應收票據與應收帳款	53 億 7,324 萬 1,000
投資性有價證券	69 億 4,387 萬 6,000
備抵呆帳（流動資產）	△ 18 萬 7,000
備抵呆帳（固定資產）	△ 565 萬 4,000
負債總額（負債合計）	65 億 5,726 萬 4,000
高變現力的流動資產 - 負債總額	67 億 484 萬 5,000

個股的總市值約為 33 億日元（2020 年 10 月 22 日統計數字），故 Net-Net 指數為 0.5，已符合 Net-Net 股的條件。

讓昭榮藥品躋身 Net-Net 股之列的主要原因，是它擁有大量的「投資性有價證券」。

　　說得更具體一點，其實昭榮藥品持有一家超級績優企業的股票，且股價不易受到景氣影響，也就是所謂的「防禦型股票」。這檔股票就是花王，昭榮藥品持有多達 694,910 股。

　　光是這些股票，就有約 53 億日元（以股價 7,678 日元計算）的價值。況且花王已連續 31 年配息優於前一年度，創下日本股市最高記錄。昭榮藥品光是領花王的配息，一年就有近億日元的收入進帳。

　　花王是昭榮藥品的重要客戶，所以他們才會大量持股，當然也不可能處分掉這些持股。

　　以 2020 年 10 月 22 日收盤價計算，花王每股股價為 7,678 日元，就 PER、PBR 來看，股價都已偏高，無法列入價值投資的標的中，而昭榮藥品的股價才 939 日元，如果只看它持有的花王股票，等於是「一個裝有 53 億日元的皮夾，只用 33 億日元就能買到」，堪稱是買到賺到。

　　昭榮藥品是我會注意股價變化，並且適時加碼的一檔個股。

表 3-1　日本昭榮藥品《有價證券報告書》

1【季合併財務報表】

（1）【季合併資產負債表】

（單位：千日元）

	前一合併會計年度 （2020 年 3 月 31 日止）	第一季合併會計期間 （2020 年 6 月 30 日止）
資產		
流動資產		
現金及約當現金	986,615	950,833
應收票據與帳款	5,573,662	5,373,241
商品	422,902	385,824
其他	149,930	113,302
備抵呆帳	△ 193	△ 187
流動資產合計	7,132,918	6,823,015
固定資產		
有形固定資產	207,368	203,936
無形固定資產	16,979	15,063
投資其他資產		
投資性有價證券	7,067,627	6,943,876
押金與保證金	332,352	333,202
其他	248,320	226,639
備抵呆帳	△ 5,654	△ 5,654
投資其他資產合計	7,642,645	7,498,064
固定資產合計	7,866,992	7,717,063
資產合計	14,999,910	14,540,079

（單位：千日元）

	前一合併會計年度 （2020 年 3 月 31 日止）	第一季合併會計期間 （2020 年 6 月 30 日止）
負債		
流動負債		
應付票據與帳款	3,842,500	3,651,976
短期借款	413,302	347,767
一年內到期之長期借款	300,000	300,000
未付所得稅	40,160	6,639
獎金提撥	68,188	34,812
其他	71,705	108,738
流動負債合計	4,735,857	4,449,933
固定負債		
退休金負債	51,912	54,587
長期未付款	161,104	161,104
遞延所得稅負債	1,884,408	1,860,422
其他	31,190	31,215
固定負債合計	2,128,615	2,107,330
負債合計	6,864,473	6,557,264
淨值		
股東權益		
資本額	248,169	248,169
資本公積	173,568	173,568
盈餘公積	3,265,465	3,236,262
庫藏股	△ 114,909	△ 114,909
股東權益合計	3,572,292	3,543,090
股東權益其他項目		
有價證券評價調整	4,432,390	4,345,519
累積換算調整數	130,754	94,205
股東權益其他項目合計	4,563,144	4,439,725
淨值合計	8,135,437	7,982,815
負債淨值合計	14,999,910	14,540,079

Net-Net 股實例② 擁有海外高配息股

岩塚製菓（東證 JASDAQ：2221）也和昭榮藥品一樣，大量持有超級績優企業的股票，是一檔 Net-Net 股。它是一家米菓製造商，總公司位在新潟縣長岡市，旗下有「美味米果」、「田舍米果」長銷商品。

在結算至 2020 年 6 月 30 日的資產負債表當中（見表 3-2），岩塚製菓的表現如下：

單位：日元

變現力高的流動資產	574 億 5,327 萬 6,000
現金及約當現金	10 億 8,327 萬 3,000
應收票據與應收帳款	36 億 4,885 萬 2,000
投資性有價證券	528 億 2,792 萬 8,000
備抵呆帳（流動資產）	△ 7,703 萬 1,000
備抵呆帳（固定資產）	△ 2,974 萬 6,000
負債總額（負債合計）	176 億 7,226 萬 2,000
高變現力的流動資產 - 負債總額	397 億 8,101 萬 4,000

個股的總市值約 221 億日元（2020 年 10 月 22 日統計數字），故 Net-Net 指數為 0.55，已符合 Net-Net 股的條件。

　　岩塚製菓的資產當中，又以「中國旺旺控股」這一檔在香港證交所掛牌的股票占最大宗。

　　中國旺旺是一家休閒食品和飲料的製造商，總公司位在中國上海。以往岩塚製菓曾為這家公司做過米菓方面的技術指導，故持有該公司約 5％（6 億 843 萬 4,480 股）的股權，是僅次於創辦人的主要股東。

　　旺旺目前還在持續成長，岩塚製菓的持股，總市值已逾500 億日元。這個金額是岩塚製菓總市值的兩倍以上。況且中國旺旺持續配發 4％的高股息，光是這些配息，就讓岩塚製菓每年賺進逾 20 億日元的收入。

　　如果只看持有的中國旺旺股票，岩塚製菓這檔個股等於是「一個裝有 500 億日元的皮夾，只要用 221 億日元就能買得到」，非常划算。

　　儘管中國旺旺是一檔不容易受景氣影響的「防禦型股票」，但投資海外企業，畢竟還是有匯率變動的風險；況且這種海外掛牌的個股，無法像日本上市公司一樣，即時讓投資人看到可反映公司經營狀態的財報資訊。

　　不過，如果我們可以透過投資岩塚製菓這種日本國內的價值股，間接投資國外的績優企業，就能降低前述這些風險，好處多多。

表 3-2　日本岩塚製菓《有價證券報告書》

1【季合併財務報表】
　（1）【季合併資產負債表】

（單位：千日元）

	前一合併會計年度 （2020年3月31日止）	第一季合併會計期間 （2020年6月30日止）
資產		
流動資產		
現金及約當現金	1,760,233	1,083,273
應收票據與帳款	3,995,170	3,648,852
商品與產品	225,290	243,565
半成品	107,565	104,409
原料與存貨	1,582,776	1,279,441
其他	158,227	351,226
備抵呆帳	△ 77,207	△ 77,031
流動資產合計	7,752,056	6,633,737
固定資產		
有形固定資產		
建物與結構物（淨額）	4,059,334	4,013,896
其他（淨額）	5,578,730	6,040,141
有形固定資產合計	9,638,065	10,054,038
無形固定資產	74,366	66,542
投資其他資產		
投資性有價證券	51,285,544	52,827,928
其他	1,415,170	1,354,285
備抵呆帳	△ 29,206	△ 29,746
投資其他資產合計	52,671,508	54,152,468
固定資產合計	62,383,940	64,273,049
資產合計	70,135,996	70,906,787

	前一合併會計年度 （2020年3月31日止）	第一季合併會計期間 （2020年6月30日止）
負債		
流動負債		
應付帳款	647,048	507,319
未付所得稅	348,011	65,598
獎金提撥	358,292	152,520
其他	2,028,842	2,009,851
流動負債合計	3,382,195	2,735,290
固定負債		
退休金負債	1,164,191	1,177,020
遞延所得稅負債	12,885,432	13,341,127
董監酬勞提撥	-	11,276
其他	432,609	407,547
固定負債合計	14,482,234	14,936,972
負債合計	17,864,429	17,672,262
淨值		
股東權益		
資本額	1,634,750	1,634,750
資本公積	1,859,250	1,859,250
盈餘公積	15,306,505	15,195,608
庫藏股	△ 1,066,406	△ 1,066,406
股東權益合計	17,734,099	17,623,202
股東權益其他項目		
有價證券評價調整	34,583,332	35,653,646
退休給付累積調整數	△ 45,864	△ 42,324
股東權益其他項目合計	34,537,467	35,611,322
淨值合計	52,271,567	53,234,524
負債淨值合計	70,135,996	70,906,787

Net-Net 股實例③ 握有大量現金與租賃用不動產

昭榮藥品和岩塚製菓，都是大量持有其他公司「股票」的 Net-Net 股。

除此之外，其實還有一些 Net-Net 股，是公司握有滿手現金。我目前持有的「丸八控股」（Maruhachi Holdings）（名證二部：3504），就是代表性的一檔個股。

丸八控股的前身，是 1962 年在靜岡縣成立的「丸八織物」，後來又更名為「丸八真綿」。到了 1977 年時，該公司找來日本相撲界首位外籍力士 —— 高見山拍攝電視廣告代言，一舉打響了公司的名號。

在結算至 2020 年 6 月 30 日的資產負債表當中（見表3-3），丸八控股的表現如下：

單位：日元

變現力高的流動資產	374 億 764 萬 3,000
現金及約當現金	287 億 8,083 萬 7,000
應收票據與應收帳款	62 億 4,835 萬 2,000
有價證券	17 億 7,872 萬
投資性有價證券	7 億 1,743 萬 4,000
備抵呆帳（流動資產）	△ 7,571 萬 2,000
備抵呆帳（固定資產）	△ 4,198 萬 8,000
負債總額（負債合計）	146 億 6,580 萬 5,000
高變現力的流動資產 - 負債總額	227 億 4,183 萬 8,000

個股的總市值約 114 億日元（2020 年 10 月 22 日統計數字），故 Net-Net 指數為 0.50，已符合 Net-Net 股的條件。

丸八控股最特別的一點，就是它的「現金及約當現金」相當多，金額多達 287 億日元，幾乎是總市值的兩倍以上。雖然在股千式 Net-Net 股的定義當中，並未計算租賃用不動產（在操作「資產型價值投資」時，會列入評價），但丸八控股所持有的租賃用不動產，總金額約有 140 億日元。

此外，就帳上價值來看，這些租賃用不動產目前已有約 30 億日元的未實現利益。丸八控股不只是 Net-Net 股，還是一檔握有租賃用不動產等潛在資產的資產型價值股，是股價嚴重低估的一檔個股。

我目前持有丸八控股 32,400 股的股票（結算至 10 月 22 日），在我的投資組合中約占 10%。

我認為，由於這檔股票的股價嚴重被低估，因此將來很有可能會由公司管理階層發動收購。但因為它的配息率都維持在 4% 以上，因此我就把它當成是「抗通膨的定存」，並長期持有。

表 3-3　日本丸八控股《有價證券報告書》

1【季合併財務報表】
（1）【季合併資產負債表】

（單位：千日元）

	前一合併會計年度 （2020年3月31日止）	第一季合併會計期間 （2020年6月30日止）
資產		
流動資產		
現金及約當現金	28,196,234	28,780,837
應收票據與帳款	6,138,406	6,248,352
有價證券	1,789,439	1,778,720
盤點資產	2,198,838	2,537,272
其他	372,386	568,191
備抵呆帳	△ 66,749	△ 75,712
流動資產合計	38,628,555	39,837,660
固定資產		
有形固定資產		
建物與結構物	19,681,137	19,676,209
累計折舊攤提	△ 14,574,242	△ 14,638,729
建物與結構物（淨額）	5,106,895	5,037,480
機器設備與運具	2,670,519	2,660,351
累計折舊攤提	△ 2,347,134	△ 2,355,229
機器設備與運具（淨額）	323,385	305,121
工具、器具與設備	757,132	745,710
累計折舊攤提	△ 526,715	△ 530,845
工具、器具與設備（淨額）	230,417	214,865
土地	13,069,599	13,036,996
在建工程	1,767	18,283
有形固定資產合計	18,732,064	18,612,747
無形固定資產	28,819	26,590
投資其他資產		
投資性有價證券	673,771	717,434
遞延所得稅資產	290,036	300,877
其他	253,085	246,193
備抵呆帳	△ 42,001	△ 41,988
投資其他資產合計	1,174,892	1,222,518
固定資產合計	19,935,775	19,861,856
資產合計	58,564,330	59,699,517

（單位：千日元）

	前一合併會計年度 （2020 年 3 月 31 日止）	第一季合併會計期間 （2020 年 6 月 30 日止）
負債		
流動負債		
應付票據與帳款	325,929	422,012
一年內到期之長期借款	1,000,000	1,000,000
未付款	693,686	585,605
未付所得稅	166,169	157,195
獎金提撥	182,380	271,868
退貨調整提撥	64,141	63,805
分期遞延收益	1,154,167	1,120,148
其他	839,794	1,277,866
流動負債合計	4,426,270	4,898,502
固定負債		
長期借款	7,000,000	8,000,000
退職人員慰勞引當金	23,982	23,982
退休金負債	376,564	377,536
長期存入保證金	1,176,279	1,168,785
遞延所得稅負債	13,352	29,946
其他	167,118	167,053
固定負債合計	8,757,296	9,767,303
負債合計	13,183,567	14,665,805
淨值		
股東權益		
資本額	100,000	100,000
資本公積	1,427,998	1,427,998
盈餘公積	47,309,339	47,158,816
庫藏股	△ 2,216,142	△ 2,216,142
股東權益合計	46,621,195	46,470,673
股東權益其他項目		
有價證券評價調整	△ 48,561	△ 22,535
遞延避險損益	5,511	2,229
累積換算調整數	△ 1,197,381	△ 1,416,655
股東權益其他項目合計	△ 1,240,432	△ 1,436,961
非控股權益	0	0
淨值合計	45,380,763	45,033,711
負債淨值合計	58,564,330	59,699,517

就算是「價值陷阱」，也有利多的可能

在日本，花王是一家無人不知、無人不曉的公司；但「昭榮藥品」這家企業，恐怕絕大多數人都沒聽過吧？

就算曾聽過中國旺旺的名號，恐怕絕大多數的人，都不會在聽到岩塚製菓時，想到這個名字吧？

除非是看過丸八請來 1980 年代的當紅相撲力士 —— 高見山拍的「丸八真綿」廣告，否則聽過「丸八控股」這個名號的人，恐怕也是少數。

這些 Net-Net 指數達 0.5，宛如「裝著 10,000 日元現鈔的皮夾，卻只開價 5,000 日元」，Net-Net 股會存在市場上，是因為它們都是多數投資人不會注意到的冷門企業。要是無人不知、無人不曉的企業，就不會任由股價長期被低估了。

不起眼的冷門企業，持續處在股價偏低狀態下，乏人問津時，往往容易讓投資人誤踩「價值陷阱」，也就是誤以為買到便宜的股票，但股價卻遲遲沒有回到該有的價格。

談到價值陷阱，投資人往往會用比較負面的說法。其實對價值投資人而言，價值陷阱的所在之處，就有「裝著 10,000 日元現鈔的皮夾，卻只開價 5,000 日元」的寶藏出現。

不過，一直處於價值陷阱的狀態下，會讓這個皮夾像是上了鎖，成為一個「打不開的皮夾」。我們要設法找到鑰

匙，打開皮夾，才能取出裡面的寶藏。

　　想開啟這個打不開的皮夾，獲得被鎖在裡面的寶藏，就要拿出一把鑰匙，稱為「股價催化劑」（Catalyst）。「Catalyst」原意是指促進化學反應的「觸媒」，而在投資的世界當中，基本上都是指足以影響市場的消息。

　　處於價值陷阱狀態的個股，市場對它幾乎沒有任何期待，因此即使利空消息出籠，股價也不會有太大的下跌空間；也正因如此，只要傳出些許利多消息，就會讓投資人大感意外，股價也有可能因此上揚。

　　就讓我們來看看哪些消息有機會成為股價催化劑吧！

冷門股的五大股價催化劑

　　一般認為可列為催化劑的，主要有以下這五項：

- 「配息率」或「現金殖利率」出現變化
- 「未實現利益」轉為「已實現利益」
- 主要股東的股權結構改變→公開收購或管理層收購
- 廢止反收購策略
- 不同市場重複掛牌

「配息率」或「現金殖利率」出現變化

　　處於價值陷阱的個股，大多是不論業績好壞都固定配息，也就是「穩定配息」的個股。而以 Net-Net 股為首的價值股，基本上都會把獲利留存下來，不回饋給股東。當穩定配息股調整股利政策，例如，提高配息率或將配息多寡改與業績連動，甚至是改以「股本報酬率」（dividend on equity ratio,DOE）為基準，依股本配息時，就有可能成為刺激股價上漲的股價催化劑。

「未實現利益」轉為「已實現利益」

　　企業所持有的租賃用不動產、土地或投資性有價證券，不管有再多未實現損益，只要不處分變現，終究只是鏡花水月。不過，當企業處分掉這些帶有未實現利益的不動產或投資性有價證券，實現獲利時，就會成為推動股價上漲的股價催化劑。如果企業在實現獲利的同時還提高配息，更是有力的股價催化劑。

　　我有投資日本最大膠原蛋白生產商「日皮」（Nippi，東證 JASDAQ：7932）的股票。它曾因為出售一筆帶有未實現利益的不動產，認列了 52 億日元的業外收益。此舉讓日皮的每股盈餘衝上 1,494 日元，PER 下降到兩倍。可是後來的配息仍然維持 50 日元的水準，所以這次的不動產處分，

並沒有成為大幅推升股價的股價催化劑。

主要股東的股權結構改變

　　當呈現哪位股東擁有公司多少股票的「股權結構」出現變化時，後續就有可能出現股價催化劑。只要每半年追蹤一次《四季報》上的「主要股東」欄位[*]，就能輕鬆掌握股權結構的變化。當股權結構有變時，欄位裡的排名就會重新洗牌。

　　當最了解企業內情的大股東 —— 經營團隊賣出自家股票時，可能是經營團隊認為自家股價正在高點，或是對公司今後的發展沒有信心，因此市場上會給予個股負面評價。

　　反之，當經營團隊加碼買進自家股票，或在主要股東當中，出現積極股東（Activist Shareholder）時，可能就會對公司採取某些行動，因此市場上會給予個股正面評價。

　　此外，追蹤股權結構的變化，有時也能幫助我們察覺管理階層收購（Management Buy Out, MBO）或股票公開收購（Take Over Bid, TOB）的徵兆。一般投資人畢竟不是內線交易，無法準確得知這些舉措的發動時機。不過，一旦有人發動 TOB 或 MBO，就會大幅推升股價，成為股價催化劑發酵的主因。

---

[*] 台灣投資人可以從「公開資訊觀測站」查詢。

因此，就讓我們再更深入地來看 TOB 和 MBO。

TOB 意指向不特定多數的大眾公告「收購股數」、「股價」和「收購期間」後，於有價證券市場外直接向股東收購股票。

通常公開收購的價格設定會高於市價，所以它會成為推升股價的利多消息。例如恩悌悌（NTT，東證一部：9432）公司在 2020 年 9 月 29 日，宣布將提高對旗下子公司 NTT DOCOMO（東證一部：9437）的持股至 100％，故自 9 月 30 日起實施 TOB。消息一出，NTT DOCOMO 的股價便開始向公開收購價「靠攏」，引發一波大漲。所謂的「靠攏」，就是收購價與市價之間的價差縮小。

近來由於企業可用低利籌措到大筆資金，因此像 NTT DOCOMO 這樣的超大型 TOB 案，在市場上時有所聞。

此外，受到新冠肺炎疫情的影響，經營環境驟變，企業之間彼此整併，或因母子公司掛牌衍生各項問題，轉而將上市子公司私有化的企業，也屢見不鮮。

另一方面，若創辦人家族、經營團隊和關係企業等大股東持有不在股市流通的「特別股」，且這些特別股在已發行股數當中的占比（特別股占比）偏高時，一般股東的權力就會偏弱，因此發動 TOB 的機率就會降低。

接著再來看看 MBO。MBO 和 TOB 的不同，在於 MBO

的買主是「目前的經營團隊」。不過 MBO 和 TOB 都是刺激股價上漲的契機。

發動 MBO 最主要的目的，是要讓公司下市，改列為未上市公司。如此一來，經營團隊既是公司老闆又是經理人，可用更自由、機動的方式來經營。

有些中小企業會因為創辦人退休或過世而進行 MBO，以便順利延續或轉讓公司業務。

廢止反收購策略

有時企業會在未經被收購方同意的情況下，逕行透過 TOB 等方式發動併購，即所謂的「敵意併購」。為防止自家企業被敵意併購而祭出的因應之道，就是「反收購策略」。「反收購策略」可分為兩種，一是避免讓自己成為收購目標的「預防策略」，二是被鎖定時的「對抗策略」。

企業既然在股市掛牌，當然能任投資人自由買賣。因此我認為，上市企業設定反收購策略並不合理。況且只是為了保護經營團隊，就導入反收購策略，也可能影響股東或員工權益。

過去已導入反收購策略的企業，一旦廢止相關措施，投資人就更容易買到該公司的股票，是推升股價的一項利多。

由於投資人批判「反收購策略的做法太保守」的力道日

漸增強等因素，近來有越來越多大企業廢除了反收購策略，例如三菱地所、日本製鐵（東證一部：5401）等。

不同市場重複掛牌

　　除了東京證券交易所，日本在札幌、名古屋和福岡都有證券交易所。掛牌市場從地方證券交易所改至東京證券交易所（或於兩個以上的交易所重複掛牌）的企業，由於成長可期，所以是推升股價上漲的利多。

　　積極在日本證券市場投資的外資，很難買到在地方證券交易所掛牌的個股。不過，要是這些個股改到東證掛牌，投資買賣就更方便了。就連和東證股價指數（TOPIX）這種市場指數連動的基金，也同樣會變得更方便外資買賣。如此一來，當參與的投資人增加，關注該檔個股的投資人也就越多，股價也比較容易上揚。

　　如前所述，迅銷集團原本掛牌的市場，是在 2000 年已經熄燈的廣島證券交易所，而宜得利則是先在札幌證券交易所上市，又到東證一部重複掛牌。平時就腳踏實地、用心找尋地方優良企業的投資人，就更有機會在它們調整掛牌市場或重複掛牌時，享受到股價上漲所帶來的恩惠。

　　其他像是從東證二部轉到東證一部掛牌，或從東證的 MOTHERS、JASDAQ 改到東證一部上市等，同樣都能成為

股價催化劑。

加入隱含資產，得出「實質 PBR」

　　除了持有大量股票或現金的 Net-Net 股，還有一些大量持有租賃用不動產的價值股，我把它們稱為「資產型價值股」。

　　如前所述，在資產型價值投資中特別看重「股價淨值比」（PBR），也就是用來衡量「相對於企業所擁有的資產，股價是否被低估」的指標。通常在這個數字中，我還會加入「隱含資產」，再行評估。

　　淨值的內涵，主要包括了「股本」、「資本公積」和「保留盈餘」這三個項目。不過我還會再斟酌「隱含資產」的狀況。

　　不考慮隱含資產的一般 PBR，算不上是正確地反映出企業的現值。

　　我認為要用市價換算租賃用不動產等隱含資產的價值，並 100％反映到 PBR，才是實質 PBR，我將這個數字稱為股千式「實質 PBR」。

　　保守觀念多認為，不動產只有處分後的價值，租賃用不

> - PBR ＝股價 ÷ 每股淨值
> - 股千式「實質 PBR」＝股價 ÷ 加入隱含資產後的每股淨值

動產等隱含資產的價值，有時最多只能以 70％來計算。

　　而在股千式的概念當中，假設每股淨值是 1,000 日元，「隱含資產」為每股 500 日元，那麼我們就會給這檔個股每股 1,500 日元的評價。

　　我看重的企業隱含資產，主要指的是「租賃用不動產」。

　　企業可持有的不動產，包括「租賃用不動產」、「閒置土地」和「工廠」等類型。其中租賃用不動產是以「市價」認列，而其他土地和工廠等，則要以「帳上價值」來認列。

　　而要納入股千式實質 PBR 計算的「隱含資產」，指的是在《決算短信》或有《價證券報告書》上揭露的「租賃用不動產相關」這個項目底下，以期末市價所列出的「租賃用不動產」。

　　以在東京市中心車站前擁有商用大樓的企業為例，大樓的市值很可能已比帳上價值高出許多，成為一筆龐大的隱含資產。若是黃金地段的不動產，想必馬上就能找到買主，變現非常容易。

　　至於以帳上價值揭露的隱含資產，如工業用地等，就不

會列入計算。

　　就算上市公司在一片廣闊的土地上蓋了廠房，但要是那塊土地位在杳無人煙的地方，資產價值就不會太高。況且賣掉後恐將影響本業營運，所以也不會處分土地；就算要賣，我也不認為位在荒郊野外的工廠用地，能馬上就找到願意接手的買主。

　　不過，我有時也會在比較周邊土地價格後，破例將地區條件極佳的工廠和閒置土地列為隱含資產。

　　《有價證券報告書》上，都會清楚列出各家企業擁有哪些不動產。當年我剛開始投資股票時，還得要跑一趟證券交易中心，才能瀏覽上市公司的《有價證券報告書》。況且當時影印一頁還要收二、三十日元，整本多達百頁的報告影印下來，得花上兩、三千日元。

　　如今，投資人隨時都可以在電腦或智慧型手機上，輕鬆讀到《有價證券報告書》。況且瀏覽資料一切免費，因此調查上市公司的隱含資產，已比過去方便許多。

利用「Google 地球」確認企業持有的不動產

　　在《有價證券報告書》上可查到企業持有哪些不動產，

但光看《有價證券報告書》，看不出這些不動產是否真的具備價值。

只要利用地圖及周邊影像連動的「Google 地球」[*]，就能在網路上檢視建物周邊的環境。不過最保險的方法，還是自己實地走訪、親眼確認。

說穿了，Google 地球上的圖資，有些已是一年或更久之前的資料，說不定現況已有所改變。實地走訪能讓我們親身感受當地街頭氛圍，有時還能從當地民眾口中，問到周邊變化狀況或都更消息。

我認為投資不能只靠電腦或手機上查到的消息，腳踏實地蒐集而來的現場資訊也很重要。實際走訪當地，看了企業名下的不動產後，就能釐清是否具備《有價證券報告書》上所揭露的價值。

我住在岐阜縣，每年會搭約二十次新幹線到東京，有時是為了參加股東常會，有時是股友聚會。然而更重要的，其實是因為到了東京，就能實地走訪銀座、丸之內、日本橋和澀谷等地。一方面是要定點觀測，再者是確認哪些地方又有哪些新建築落成。這些田野調查實在很有用。

在東京市中心到處逛逛，不是因為自己要買不動產，而

---

* https://earth.google.com/web

是要看看在東京的黃金地段上，有哪些可能成為企業隱含資產的不動產，再找出持有這些不動產的企業，以便列入資產型價值股的候補名單。

以前我曾買過優尼佐控股（Unizo Holdings，東證一部：3258）的股票。當時東京車站周邊八重洲地區的都更，已經推動到它持有的土地旁邊，我實地走訪後，預估都更遲早會發展到優尼佐的這塊地上，便決定買進優尼佐的股票，把它當作資產型價值股來看待。

優尼佐控股是一家經營不動產和飯店業務的企業，擁有多筆隱含資產，甚至還曾在美國持有不動產（遠赴美國實地考察實在是太大費周章，所以我只在 Google 上確認該筆物件）。

我原本是認為軟體銀行集團或外資基金會相中它名下的這些不動產，進而出手收購。後來，由於旅遊集團 HIS（東證一部：9603）在 2019 年成了優尼佐的最大股東，我估計 HIS可能會發動股票公開收購，於是便加碼買進優尼佐的股票。

果不其然，HIS 真的在 2019 年 7 月 10 日發動了敵意收購，優尼佐的股價應聲大漲。我眼見持股獲利已突破 1,700萬日元（約新台幣 425 萬元），便決定獲利了結。所謂的敵意收購，就是收購方未經被收購企業董事會許可，便逕行發動的一種併購形式。

這個故事其實還有續集。由於優尼佐不滿 HIS 發動敵意收購的做法，便引進外資基金，雙方掀起搶親大戰，帶動了另一波的股價大漲。

儘管在這次的投資中，我的獲利大有斬獲，但如果當初能明確地掌握狀況，續抱持股，就能賺到更可觀的獲利。因此，這可說是還有檢討空間的一次操作。

我還曾因為猶豫著該不該把丸共（Marukyo）這家在福岡開連鎖超市的公司，當作資產型價值股來投資，而和股友走訪當地，逐一巡視了它在福岡的門市。

我和股友實際來到門市，還一邊熱烈地討論「這塊地的帳上價值有 5,000 萬日元，究竟算高估還是低估？」「會不會有建商出手買這塊地來蓋大樓？」等話題。一家門市的土地資產平均市價如果有 5,000 萬日元，十家店的市值就是 5 億日元。我把這個數字放進隱含資產，評估當時的股價究竟是偏高或偏低。

我又考量丸共是一家深受當地民眾喜愛的連鎖超市，便決定買進丸協的股票。不久之後，它便決定透過換股的方式，接受西日本的連鎖超市企業 —— 零售夥伴（RETAIL PARTNERS，東證一部：8167）併購。

不僅如此，雙方一如我的預測，以一比一的比例換股，刺激股價大漲。我在此時出脫持股，獲利近 800 萬日元。

　　或許很多人會覺得透過電腦、網路查閱《有價證券報告書》和 PBR 等資料，就可大致了解企業的資產概要，親自走訪當地考察資產價值，未免太過麻煩。不過對我來說，這種考察是很開心的事，所以一點也不覺得辛苦。

　　企業的獲利表現，會因為內、外環境的變化而起伏，但名下持有的不動產等資產，價值不會出現太劇烈的變動。詳加調查過一次之後，將來就只需要在《有價證券報告書》上，確認企業是否已經處分掉該筆不動產即可。

　　腳踏實地的詳細調查個股資產，查得越多，我們的投資眼光就會變得越來越精準。我認為這也是資產型價值投資的特色之一。

疫情是罕見的大特賣

　　2020 年 3 月，許多個股因為新冠肺炎疫情爆發而重挫。趁著這個機會，我加碼買進了兩檔個股 —— 東日本旅客鐵道和三菱地所。因為除非大環境出現像新冠病毒疫情這種鉅變，否則這兩檔個股平時很少大跌。

　　拖累這兩檔個股股價的原因，在於後疫情時代的工作型態，是以在家工作、遠距上班為主流所致。

當外出、通勤的人口減少，JR 東日本的營收、獲利就可能大減；而企業對辦公室空間的需求降低，就會衝擊到像三菱地所這種持有許多商辦物件的建商。

實際上，我們也的確看到富士通（Fujitsu）宣布，在2023 年之前，集團旗下在日本國內的企業，要將辦公空間減至現行的一半；美國社群平台推特，對有意在家上班的員工，則打算「永久同意」他們的申請。

日本大型人力派遣業者保聖那（PASONA）集團也調動業務團隊和人事部門員工，遷移到兵庫縣淡路島。

觀察這些社會趨勢的發展，會發現 JR 東日本和三菱地所的股價下跌，不是沒有原因的。然而，我認為現在是這兩檔個股難得一見的大特賣 —— 因為它們在不動產方面的隱含資產，持有數量都相當可觀。

JR 東日本的主要業務是運輸事業，但持有的土地資產金額，在日本企業屬於前段班。除了擁有車站、鐵路，還發展出車站大樓型購物中心「LUMINE」，以及「JR 東日本大飯店」（Hotel Metropolitan）、「JR 東日本 METS 飯店」（JR-EAST HOTEL METS）等，事業版圖很廣。JR 東日本的租賃用不動產，隱含資產高達 1 兆 5,488 億日元（約新台幣 3,872 億元）。

而座落在日本皇居正對面的超級黃金地段，外觀氣勢

非凡，堪稱東京門戶的東京車站，也是 JR 東日本名下的建物。說穿了，其實當初就是為了要在皇居附近，打造一座足以代表東京的車站，才興建了東京車站。

順帶一提，我在東京固定的下榻處，就是位在東京車站丸之內站舍裡的「東京車站飯店」（The Tokyo Station Hotel）。而這家飯店，也是歸 JR 東日本的關係企業所有。

不論時代如何變遷，只要沒有發生超大規模的地震，我想東京車站和東京車站飯店的價值，應該永遠不會減損。

除了經營鐵道事業和不動產業，JR 東日本還發展了電子錢包「Suica」[*]的業務。

雖有多家業者都在爭搶這塊市場大餅，但持續有獲利的，就只有 Suica 而已。Suica 的發卡數量約有 8,000 萬張，甚至有人斬釘截鐵地說：「電子錢包只要有一張 Suica 就夠了。」

而三菱地所是日本最大的不動產開發商，素有「丸之內的房東」之稱，因為它在緊鄰東京車站和皇居的商辦大樓區。丸之內地區周邊，擁有多筆土地和建物，租賃用不動產的隱含資產高達 4 兆 2,225 億日元（約新台幣 1 兆 556 億元）。

---

[*] 可加值的智慧票卡，兼有電子錢包的功能。

　　三菱地所最為人所熟知的，莫過於它在 1989 年，也就是泡沫經濟的極盛時期，曾以約 2,200 億日元（約新台幣 550 億元）的價格，收購美國洛克斐勒中心（Rockefeller Center）共 14 棟辦公大樓。泡沫經濟瓦解後，三菱地所出現鉅額虧損，只好處分掉其中的 12 棟，目前還持有剩下的兩棟建築。

　　有些人認為，受到居家上班的影響，市場對辦公室的需求減少，且未來人口恐將逐漸減少，建商的經營狀況會越來越困難。不過我認為，「丸之內」有它獨一無二的價值，不會那麼輕易地受到動搖。

　　三菱地所長年在東京超級黃金地段當房東，且三菱地所在丸之內地區主導的多件大型都更案，預計還會持續推動到 2030 年。

　　「實質 PBR」將不動產的隱含資產也納入了考量。JR 東日本的實質 PBR 是 0.48 倍，三菱地所是 0.36 倍（皆為 2020 年 10 月 22 日數值）。這等於是將東京車站飯店的市價打四八折、丸大樓的市價打四六折出售，豈有不出手買進的道理？

　　倘若後續 JR 東日本與三菱地所的業績、股價都沒有恢復到疫前水準，我也只能坦白承認自己對「不動產」這項資

產懷抱的期待過高，誤判情勢。不過，目前全球都在積極推動金融寬鬆政策，市場持續處於超低利率的狀態下，我認為這些坐擁精華地段不動產的企業，遲早都會重新獲得合理的評價。

挑出優質的資產型價值股

　　JR 東日本和三菱地所，是無人不知、無人不曉的知名個股。本章的最後，要介紹一檔幾可說是沒沒無聞的資產型價值股。

　　這檔個股就是宇野澤組鐵工所（東證二部：6396，簡稱宇野澤組）。

　　宇野澤組是位在東京都大田區的中小型製造商，年營收約 46 億日元（約新台幣 11.5 億元），生產的是風力、水力機械和真空泵浦等產品。

　　宇野澤組的實質 PBR 是 0.2，已達到超級便宜的水準，但業績平平，獲利也不見成長。即使如此，還是納入了我的投資標的，因為它在不動產方面的未實現利益相當驚人。

　　宇野澤組於 1899 在東京都港區創立，1907 年時，在隔壁的澀谷區惠比壽新建了辦公室和工廠後，便搬遷至此。

後來，這個位在惠比壽的澀谷工廠，又與大田區的玉川工廠整併。於是宇野澤組便與東急不動產合作，在澀谷工廠的這片土地上，共同興建了「宇野澤東急大樓」，正式跨足不動產業。時值 1984 年，日本經濟正要開始吹起泡沫。

宇野澤東急大樓的位置，距離 JR 惠比壽車站僅需步行三分鐘，區位極佳。量體則為地下一層、地上七層，樓地板總面積逾五千坪。

接著，宇野澤組又在 2003 年時，轉讓公司在惠比壽持有的部分土地，並與周邊土地的所有權人共同興建「惠比壽商業塔」。這棟建築的位置，距離 JR 惠比壽車站只需步行兩分鐘，區位一流。量體則為地下一層、地上十八層，是一棟高樓建築，樓地板總面積逾八千五百坪。

這些租賃用不動產每年所貢獻的收益，金額上看 5 億日元（約新台幣 1.25 億元）。

宇野澤組目前的淨值約為 20 億日元（約新台幣 5 億元），但只要處分掉惠比壽的不動產，淨值就會突破百億。再加上它還有大田工廠的土地，林林總總加起來，實質 PBR 竟只有 0.1 倍多。我想這應該是全日本的上市公司中，最被低估的個股之一。

有鑑於此，我買進了宇野澤組的股票。

法人也很看好宇野澤組的發展。例如，和宇野澤組共同

興建宇野澤東急大樓的東急不動產，就持續在加碼買進它的
股票。

實際拜訪公司更了解營運狀況

宇野澤組目前在東京的大田區設有工廠，我很好奇這筆
不動產的價值有多少，便趁著到東京時，順道實地考察一番。

結果這個舉動，引發了一段小插曲。原本我造訪目的，
是想確認工廠所在的地點，並不是一開始就打算突襲式地拜
訪公司。

我在附近閒晃了一下，發現工廠外圍只圍著一座矮牆，
既沒有發出噪音，也沒有飄出惡臭。廠區周邊是住宅區，我
心想「這樣的工廠，和附近民眾的關係一定很不錯。」

我又繞到工廠的大門前，發現基地內的總公司大樓非常
宏偉，但出入口附近卻有一間老舊的木造小屋。

兩者之間呈現明顯對比，讓我非常好奇。剛好有位頭戴
安全帽的員工走過，我便開口拜託：「方便打擾一下嗎？我
是有買公司股票的小股東，對公司有幾件事很好奇，不知道
能不能拜會一下負責股務的長官？」這位員工聽了便很客氣
地幫我聯絡。

後來，這位幫我聯絡的員工說：「真不好意思，負責股務的同事現在不在位子上，如果不介意的話，總務的同仁可以為你服務。」

總務部門的人員安排在會議室和我見面，他很高興地說：「感謝你對我們表示興趣。第一次有小股東到我們公司來拜訪。」還和我聊了一個多小時。

我問了幾件好奇的事，包括「是不是打算縮減獲利不佳的製造部門，擴大不動產業的業務規模？」「和東急不動產之間的關係如何？」「股權結構會有什麼改變？」等。

最後我還問了門口令人好奇的小屋。對方說：「是警衛的休息區。本公司對於不會創造利潤的事，都盡可能不花錢。」聽了這番答覆之後，我又對宇野澤組萌生了更多好感。「對於不會創造利潤的事，都盡可能不投資」的政策，和價值投資人的觀念可說是不謀而合。於是在這次拜訪過後，我又加碼買進了宇野澤組的股票。

為求慎重起見，我還是說明一下。既不具法人身分又不是分析師，區區一個小股東，打電話要求拜訪上市公司、直接和股務部門的人談話，幾乎不可能得到正面回應。畢竟上市公司要單獨回應每一位小股東的需求，實務上的確有困難。

宇野澤組的窗口如此親切地回應我的需求，只能說是非常幸運的個案。很感謝宇野澤組的同仁！

圖 3-2　股千在推特上發表聲明

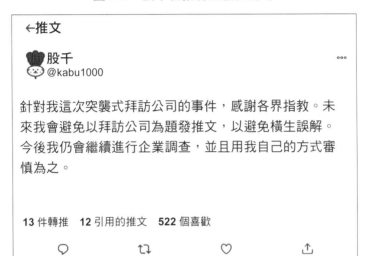

第 4 章

活用財報資訊，
掌握市場重要趨勢

有效蒐集各類公司資訊的大全

不論是投資價值股或成長股，日本投資人都有一套可以運用的武器，那就是《四季報》。

《四季報》是由東洋經濟新報社為服務投資大眾所發行的企業資訊雜誌，每年出刊四次，內容網羅所有上市公司的基本資料。因為是每年出刊四次的季刊，所以命名為《四季報》。這份刊物自二戰前 1936 年開始發行，迄今已有超過 80 年的歷史，中間甚至還經歷了戰爭時期。

我能靠著投資價值股，累積出今日的身價，都是拜《四季報》所賜。

我從國三起，就持續研讀《四季報》迄今。

第一次拿到《四季報》，其實是很偶然的緣分。某天國中放學後，我發現看來像是有錢人宅邸的一棟建築外面，擺著一堆整理好的書報垃圾，裡面包括了《四季報》和股市投資方面的書，於是我按了那戶人家的門鈴，問：「那些書能不能給我？」取得對方首肯後，便把它們帶回家。

後來的發展如前所述，我會請附近熟識的證券公司，把前一期的《四季報》免費送給我研讀。當年畢竟不像現在，無法輕易透過網路取得各項資訊，即使是前一季的《四季報》，都是很寶貴的資訊來源。

圖 4-1　1992 年買的第一本《公司四季報》

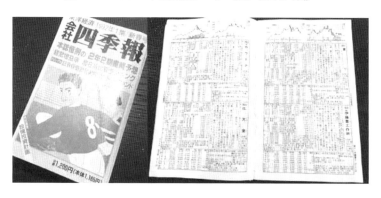

我自掏腰包買的第一本《四季報》，是 1992 年發行的 254 號（見圖 4-1），之後每年出刊的四本，我都持續購買，一本不缺，目前我的《四季報》藏書已有 120 本以上，全都蒐藏在家裡。

目前《四季報》每本售價是 2,300 日元（約新台幣 575元），紙本和電子書同價。有些人或許會因為網路券商提供的資訊都免費，就覺得這樣的價錢很貴。

不過，《四季報》裡濃縮了日本 3,785 家上市公司的資訊精華，平均只要花 0.6 日元，就能獲得一家公司的基本資料。我想目前應該沒有任何一種投資理財的資訊來源，性價比更勝《四季報》。就連券商的分析師，都無法如此完整地調查近四千家的上市公司。

以投資 Net-Net 股為首的價值投資，其實就是在投資不受矚目的冷門股。而把《四季報》當作字典來用，最能有效率地蒐集這類個股的基本資料。

投資股票少不了《四季報》，就像學英文少不了英文字典一樣。要是英文字典裡收錄的單字數量太少，那就糟糕了。所以要盡可能選單字數量夠多的版本，而《四季報》就是收錄每一家上市公司資訊的大全集。

利用縱軸、橫軸比較，資訊鉅細靡遺

一般人只要在證券公司開戶，就能看到《四季報》上的部分資訊，再加上《四季報》也有出版電子書，所以購買紙本的人越來越少。但我仍持續買紙本書，因為《四季報》可以從縱軸來看，也能用橫軸來讀，而這樣的閱讀方式，我認為要用紙本才辦得到。

股千式《四季報》研讀法

- 縱軸研讀法＝回溯單一個股從過去到現在的狀況。
  - 橫軸研讀法＝針對所有個股進行現況比較。

　　如前所述，從縱軸來看《四季報》，指的就是回溯單一個股從過去到現在的狀況，並詳加調查；而用橫軸來讀《四季報》，就是針對所有個股進行現況比較。

　　不論是縱軸或橫軸，我都可以輕鬆用紙本《四季報》檢視，畢竟用了這麼多年，已經很習慣，眼睛也不會像看電子書那麼容易累。另外，券商提供的《四季報》資訊，每次都會自動更新成最新版，無法拿來和過去的狀況做比較。

　　資訊固然是越新越好，但有時要比較現在和過去，才能獲得重要的資訊。把過期《四季報》全都放在手邊，才是以縱軸研讀《四季報》時，最確實的方法。

　　網路上的資訊，都只是方便大家取得的部分免費資料，況且我常在因緣際會下，突然對某檔個股產生好奇，這時就能立即翻閱保存的紙本資訊。

　　只要好好保存紙本《四季報》，就能隨時回溯過往，比較、分析個股狀況，這是在網站上查不到的。所以我總是妥善保留這些《四季報》，不會隨意丟棄。

　　即使是用橫軸來比較，要我從網路上查詢或看電子書，都不如我拿紙本翻閱來得順暢、快速。紙本《四季報》最方便的地方，就是我能在上面貼標籤註記，方便我整理自己投資的個股。這套整理方法，後文我會再詳加說明。

找尋三年內重獲市場評價的個股

我再強調一次，價值投資的精髓，就是逢低買進被低估的個股，並看清個股何時會再有重獲市場關注的消息出籠，進而重新獲得市場估價。

因此我會在《四季報》上，找尋預估能在三年內重獲市場評價的個股。

常有人問我：「為什麼是三年內？」

其實「三年」只是一個參考值，就算個股不是剛好三年重獲市場估價，兩年、四年都無妨，但畢竟十年、十五年後的事實在太久遠，誰也說不準。所以我認為再怎麼預測，頂多就是設定在「三年內」最妥當。

萬一個股始終無法重獲市場估價，遲遲打不開「皮夾」怎麼辦？只要當初投資時所做的預測還成立，有時我就還會續抱持股。

2019 年年底，恐怕沒人能準確預料到 2020 年的股市，會受到新冠肺炎疫情的衝擊。儘管股市詭譎多變，但我們仍不能放棄預測。

我預測個股趨勢時，通常是以「三年內」重獲估價為基準，不過如前所述，在疫情衝擊下買進的 JR 東日本和三菱地所，根據我以《四季報》分析的結果研判，三年內會表現

得比現在更好。

　　然而，我也有些持股，是在七年內反覆買進、賣出，從中賺得鉅額獲利的案例。不論選擇如何研讀《四季報》，最重要的是擬訂出自己的投資準則。但我也曾有太過拘泥準則，以致在股海中鎩羽而歸的經驗。

　　持股長抱太久，可能導致資金運用效率惡化，故須視個案狀況，隨機應變。

「橫軸比較」的四大指標

　　以橫軸比較的方式研讀《四季報》時，要關注的是「PBR」、「PER」、「自有資本比率」、「設備投資」這四大指標。

　　再複習一下，PBR 呈現的是股價相較於企業淨值究竟是高或低的指標，數值越低，股價越是被低估，當 PBR 為 1.0 時，代表淨值與總市值金額相同；當 PBR 為 0.5 倍時，則總市值為淨值的一半。若以不動產比喻的話，就像是估值 1,000 萬日元的土地，卻只賣 500 萬日元一樣，非常划算。

　　日本股市裡有很多 PBR 不到 1 倍的企業，站在投資人的角度來看，其實是很異常的狀況。淨值是企業解散時殘餘

的資產（清算價值），PBR 不到 1 倍，代表很多企業的清算價值都低於總市值。

假如一家企業的淨值有 1,000 萬日元，但總市值卻只得到 500 萬日元的估價，我們可以這樣解讀：不如花 500 萬日元買下這家公司辦理清算，還比較划得來。

倘若拆解一部要價 10 萬日元的手機，賣掉它的零件能賺到 20 萬日元，那當然是分拆出售比較划算；同樣地，PBR 不到 1 倍，代表市場認定這家企業的事業價值低於零。除非是經營虧損，否則在美國股市中，很難找到 PBR 低於 1 倍的公司。

日本股市會有 PBR 不到 1 倍的公司，原因之一是因為這些企業的作風保守，不肯面對股東，對投資人關係的經營也顯得相當消極。商品不宣傳就賣不出去，所以上市公司不積極經營投資人關係，股票就會乏人問津。

如前所述，我把 PBR 的倒數視為「折價率」，先以《四季報》上的 PBR 為初步選股門檻，評估企業淨值後，再深入分析個股。

再強調一次，我真正關注的不是 PBR，而是加入以市價評估的隱含資產後，所計算出來的「實質 PBR」。

至於 PER 則是用來呈現相較於企業獲利，股價究竟是高或低的指標，通常在《四季報》上，會列出「預估本益

> 盈餘殖利率（％）＝
>
> （每股盈餘 ÷ 股價）× 1 0 0

比」和「落後本益比」這兩種數字。

　　「預估本益比」是以企業所提出的業績預估為基礎，所計算出來的數字；而「落後本益比」則如文字所述，是以既往實績為基礎的數字，可分為「最高本益比平均值」和「最低本益比平均值」。

　　「最高本益比平均值」是依過去三年實績所計算出來的上限值；而「最低本益比平均值」則是依過去三年實績所計算出來的下限值。

　　預估本益比終究只是預估，數值會依實際狀況而變動，不過我們可以這樣評估：**當落後本益比趨近最高本益比平均值時，代表股價已偏高；趨近最低本益比平均值時，代表股價已偏低。**

　　假設有一檔個股的最高本益比平均值為 20 倍，最低本益比平均值為 10 倍，PER 是 50 倍，那麼從歷史數值看來，可知目前股價已被高估；反之，若 PER 是 5 倍，那麼從歷史數值看來，可知目前股價已被低估。

　　如前所述，選股時，我會算出 PER 的倒數（1 / PER），

也就是所謂的「盈餘殖利率」，再用來評估股價水準高低。

　　所謂的盈餘殖利率，就是用每股盈餘除以股價所得的數值。**PER 越低，表示股價越被低估；而盈餘殖利率是 PER 的倒數，所以盈餘殖利率越高，表示股價越被低估。**

　　日經平均股價指數在 2020 年 12 月 1 日時的預估 PER 是 24 倍，盈餘殖利率則是 4.1%（$\frac{1}{24}$）。如果某一檔個股的 PER 高於大盤，且盈餘殖利率在 4.1% 以下，那麼選擇買進和日經平均股價指數連動的指數型基金，才是更聰明的投資，不必冒險買進個股。

挑出股價嚴重被低估的個股

　　舉例來說，一檔 PBR 0.5 倍、PER 5.0 倍的個股，不僅可用 500 萬日元的價格，買到價值 1,000 萬日元的公司，年盈餘殖利率還有 20%（$\frac{1}{5}$），也就是每年會有 100 萬日元的獲利，堪稱是一筆相當划算的投資。

　　「PER×PBR」即所謂的「葛拉漢指數」（混合係數），當這個數字在 22.5 以下時，個股就會被評定為股價偏低。

　　一家企業的價值，取決於能有多少獲利和淨值多寡。再

用葛拉漢指數評估獲利和淨值

PER × PBR ＝葛拉漢指數（混合係數）

不滿 22.5 時，個股就會被評定為股價偏低

在股千式分析中，凡未達 5.0 者，皆給予「股價偏低」的評價

在日本股市中只有不到 10% 的個股符合，選股更簡單！

複習一次，評估獲利多寡的指標是 PER，觀察獲利多寡的指標是 PBR。

　　獲利與淨值都很重要。有獲利但淨值低的企業，以及淨值高但獲利低的企業，都不算是均衡發展的優質企業。

　　因此要篩選出獲利、淨值皆被低估，且極具價值的個股時，會用到的是葛拉漢指數（混合係數）。

　　不過，我個人訂的標準更嚴格，葛拉漢指數不到 5.0 的個股，我才會給予股價偏低的評價。

　　這是因為只看 PBR，無法深究淨值的內容好壞，所以要用更保守的標準來觀察個股。況且日本股市裡的價格偏低個股越來越多，用葛拉漢指數 22.5 來篩選，會撈出太多個股；用「未滿 5.0」來篩選，優點在於合格的個股不到 10%，便於聚焦選出投資標的。

　　另一個希望大家關注的指標，是個股的總市值（股價

× 發行股數）。

因為價值投資的基本概念，是要找出「總市值」小於「高變現力的流動資產 - 負債總額」的股價偏低個股。

總市值較其他個股低，但知名度夠高的個股，應該就有成長的機會。前文介紹過企業併購專家會評估的「私有市場價值」，在這個指標中，就參照了總市值，以便約略掌握企業價值多寡。

看出企業經營是否健全的自有資本比率

接著，希望大家在《四季報》上觀察的是「自有資本比率」和「設備投資」這兩個項目。

在挑選投資標的時，投資人往往會關注公司的事業和營收規模，然而，懂得靈活地進行投資操作，不拘泥於表面也很重要。

若要長期投資，就要從自有資本比率推估公司的健全性，因為只要自有資本比率夠高，就算公司短期間因為業績惡化而呈現虧損，仍能安度像新冠肺炎疫情這樣的危機。

自有資本比率，呈現的是不須還款償付的「自有資本」，在「總資產」中占有多少比例的指標（見圖 4-2），

計算公式如下：

> 自有資本比率（％）＝
> 自有資本 ÷ 總資產（自有資本＋借入資本）×100

　　自有資本是無還款義務的資金，「借入資本」則是向外籌措而來，具還款義務的資金，包括借款、應付帳款和應付票據等。自有資本比率偏低，代表公司經營不夠健全，易受借入資本影響；自有資本比率越高，經營體質越健全。

　　倘若一家公司的總資產是 100 億日元，自有資本 10 億日元，那麼自有資本比率就是 10％，表示公司操作了 10 倍的財務槓桿。

　　操作財務槓桿，能讓公司在低資本的狀態下，動用鉅額資金。因此當企業獲利時，相對於自有資本，這些獲利會是很龐大的金額；反之，當企業損失掉總資產的一成，也就是虧損達 10 億日元時，自有資本就會歸零，代表風險很高。

　　倘若企業的總資產有 100 億日元，自有資本為 60 億日元（約新台幣 15 億元），那麼自有資本比率就是 60％，槓桿為 1.66 倍，即使總資產減半，自有資本也不至於跌到負值，代表安全範圍很大。

圖 4-2　自有資本比率計算方式

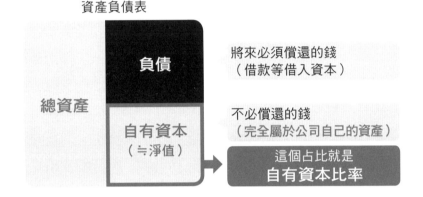

資產負債表

將來必須償還的錢
（借款等借入資本）

不必償還的錢
（完全屬於公司自己的資產）

這個占比就是
自有資本比率

※ 嚴格說來，淨值要扣掉好幾個項目才是自有資本，但在絕大多數情況下，兩者金額幾乎相同。

　　在同一類股中，自有資本比率越高的個股，越能放心投資。不過，自有資本比率會因為類股或業種不同而大相逕庭，應特別留意。

　　銀行的自有資本比率往往偏低，因為銀行的商業模式，是把存款戶寄存的錢拿去放貸，藉以從中獲利，所以偏低是很正常的。日本主要銀行的自有資本比率約為 5％～ 10％。

　　而在服務業中，則是自有資本比率偏高的企業較多，因為企業不必進行設備投資或持有固定資產等。

　　至於需要持有固定資產的製造業，自有資本比率差異極大。製造業大廠的自有資本比率平均約為 40％，但日本

電子零件製造廠村田製作所（東證一部：6981）可達 75％以
上，任天堂（東證一部：7974）則為約 80％，自有資本比率
相當高。

　　用橫軸來比較（在相同類股中，與其他個股的現況做比
較）固然重要，但也別忘了用縱軸（回溯同一個股的過去到
現在）看個股歷年變化。

　　若一家公司的自有資本比率連年攀升，就可以說這家企
業的健全性也在逐年升高。

設備投資看出業務發展的狀況

　　接下來要檢視的是「設備投資」。

　　我們可以從《四季報》上，看出企業每年在設備投資上
挹注多少資金。一般人對企業的設備投資，會懷有「設備投
資越積極，代表業務發展越活絡」的正面印象。然而問題其
實不在金額多寡，而是在實際內涵。

　　在設備投資這個項目中，我們要釐清一件事，那就是該
項設備是需要頻繁更換，還是在「折舊攤提」完後還能繼續
使用、持續為公司創造利潤？所謂的折舊攤提，是針對可長
期持續使用的設備等固定資產，在使用年限內陸續認列購置

費用的做法。

例如在挖土機或吊車等營建機具的租賃業界裡，工程車等設備並不需要頻繁地更換，況且在折舊攤提後，若以二手商品賣出，還能為公司再創造一筆利潤。

因為注意到設備投資而買進的操作中，有一個相當知名的案例，那就是由股神華倫・巴菲特在 1972 年發動的「時思糖果」（See's Candies）收購案。

時思糖果是在美國西岸的老字號企業，是一家製造、銷售盒裝巧克力的零食製造商。當年他們還曾動用 800 萬美元的有形固定資產淨額，創造出 400 萬美元的稅前淨利。

時思糖果當年在市場上極具競爭優勢，擁有強大的價格定價權，因此追加挹注在設備投資上的金額很低，甚至不見得每年都一定會進行設備投資。

相對地，長期處於國際競爭下，產品不斷推陳出新的汽車、半導體和面板等企業，就需要編列鉅額的設備投資預算。況且在折舊攤提尚未結束前，這些設備可能還會變舊，導致價值下跌。

關於這一點，零食製造商倒是可以不必對國際競爭太過憂心，因為只要有熱銷的固定商品，就可以不必一直推出各種需要投資新設備的新產品。

巴菲特在收購時思糖果後，自 1974 年到 2014 年，累計

共賺得高達 19 億美元的稅前淨利。對比當年收購時所花的
2,500 萬美元，獲利多達 76 倍。

影響行情的「股權結構」與「外資」

　　《四季報》上還有「股東」這個項目，呈現出股東名冊
上前十大股東的股權結構。欄位中會依持股數量多寡，列出
「股東名稱」、「持股數量」和「持股比例」。

　　當主要股東的股權結構出現大幅變動時，股價可能就會
有所反應。

　　倘若積極型股東，也就是積極表現的外資基金成為公司
的主要股東，企業就可能執行回饋股東的策略，例如增加配
息、買入庫藏股等。

　　最需要留意的狀況，就是經營團隊賣股，持股率大幅下
降，因為他們是最了解公司內情的「內部人」（insider）。

　　當船長搶著逃出一艘快沉的船隻時，代表這艘船大勢已
去。而經營團隊賣出自家公司的股票，就像是船長搶著跳船
一樣。

　　反之，經營團隊加碼買進自家股票，大幅拉高持股比例
時，建議投資人不妨給個股更正向的肯定。既然連了解公司

內情的內部人都在買進，對投資人而言，該檔個股的評價應該相當正向。

同樣值得留意的，是企業有無提供員工購買自家股票的「員工持股會」、「認股選擇權」，以及員工持股會在股權結構當中的地位。

企業和員工可說是命運共同體。倘若一家企業有員工持股會，且持股會在股權結構當中的地位節節高升，就代表企業和員工的利害關係一致、團結一心，值得投資人給予正向的評價。

「認股選擇權」是企業用來激勵員工努力工作的一種誘因。在《有價證券報告書》的「認股選擇權」項目中，會明確列出員工可行使認股權的價格。

而在「股東」這個項目中，會出現「外國」的標示。這個欄位，呈現的是外資持股占比。

這裡所謂的外資，通常是指未居住在日本的外籍機構投資人或個人散戶。

外資在日本股市中約握有三成持股，但就買賣占比來看，外資進出的比例竟高達六成以上，可見外資比日本投資人更活躍，更敏感地察覺市場的變化，積極地買賣股票。

有鑑於此，投資人在選股時，也要留意外資在股權結構當中的占比（外資持股比例）。外資持股比例越高，股價對

大盤的行情變動越敏感。

　　大盤上漲時，會從外資持股比例高的權值股開始領漲；大盤下跌時，賣壓會從外資持股比例高的權值股開始湧現。

　　綜上所述，我們可以這樣解讀：如果要在大盤下跌後找出股價偏低的個股，那麼外資持股比例較高的權值股，在大盤上漲時比較容易跌深反彈。

　　一旦外資持股比例偏高，對於企業的公司治理也會產生影響。

　　以索尼（東證一部：6758）為例，外資持有的股權占56.7％。

　　索尼的業績曾一度低迷不振，再加上積極緊盯公司表現的外資基金等股東施壓，不得不分拆幾個虧損的部門，聚焦整頓遊戲、金融、音樂、半導體和照相機等事業後，成功轉虧為盈。目前索尼的總市值約為 12 兆日元，在日本企業當中排名第五（2020 年 12 月 1 日統計資料）。

公司成立時間也是檢視重點

　　我在《四季報》上還會特別留意「成立時間」欄位，也就是公司的創立年月。

為什麼要特別留意公司的創立年月？因為越是歷史悠久的企業，不動產等資產的帳上價值往往偏低，意味著隱含資產偏高。

　　以 JR 東日本為例，它承接了自家公司在國營時期留下來的多筆不動產，而早期不動產的帳上價值很低，因此公司隱含資產自然就偏高。

　　反之，在泡沫經濟時期成立的企業，名下的不動產很可能買在高點。就算這幾年不動產因為安倍經濟學[*]加持而上漲，當年買的土地、建物，尤其是位在地方城市的物件，恐怕還有些尚未回升到泡沫時期買進的成本價位，應特別留意。

　　至於歷史悠久的企業，則要特別留意從成立至今，一路走來的發展歷程。

　　光是最近這十年，日本社會就發生了 311 東日本大地震、安倍經濟學，以及新冠病毒疫情肆虐這三大事件，每起事件都造成企業的業績和股價劇烈震盪。

　　在面對這些出乎意料的驚濤駭浪時，越是歷史悠久的公司，就有越多安度難關的經驗，否則恐怕公司早就破產倒閉，退出股票市場了。

　　常有人說「疾風知勁草」，這個道理套用在人和企業上

---

* 前日本首相安倍晉三提出以寬鬆貨幣政策、緊縮財政政策和結構性改革，解決日本經濟長期疲弱的問題。

都說得通。面對攸關存亡的危機之際，企業所拿出的因應之道，更足以彰顯企業的本質，這樣的案例可說是屢見不鮮。

從《四季報》上，看不出企業在悠久的歷史當中，是如何度過一次又一次的危機。因此針對有興趣的個股，我一定會回溯公司既往的《有價證券報告書》，詳加檢視。

有價證券報告書當中的「沿革」，清楚地記載了公司一路走來的發展歷程。

研讀這個項目後，就能稍微想像，企業在面對像疫情這樣的不測風雲之際，究竟會如何因應，以及能否安度難關。

經過這些評估，如果研判個股是在危機下仍能堅毅生存的企業，那麼當個股股價被低估時，選擇逢低買進，也不失為一個合理的判斷。

我總會特別留意企業在金融海嘯爆發後，也就是 2008 年和 2009 年的業績表現。

就 2008 年度的業績來看，連家喻戶曉的豐田汽車，全年稅後淨利都有高達 4,371 億日元（約新台 1,093 億元）的虧損。這種時期還能守住利潤，沒有虧損的企業，除了能堅強挺過不景氣，想必更具備了足以支撐企業持續成長的內在價值。

檢視在疫情影響下，上市公司的業績表現，將是投資人的觀察重點。

四色便利貼，是觀察個股的利器

我的《四季報》上，都貼著紅、綠、藍、黃這四種顏色的便利貼。這些不同顏色的標示，就是我用來整理重點觀察個股的利器（見圖 4-3）。

紅色便利貼代表目前持股；綠色便利貼代表候選標的；黃色便利貼表示關注程度不如綠色，但也值得留意；藍色便利貼則代表股價正在下跌，日後有機會轉為黃色或綠色的候選標的。

有些個股會從綠色轉為紅色，也有些是從藍色或黃色，一口氣升級到綠色，甚至是一股作氣買進，直接貼上紅色便利貼。

紅色便利貼是我目前操作的主力價值投資股，共有 18 檔個股。其他還有 26 檔沒貼便利貼，但為了爭取股東優惠等因素而持有的個股。

這些目前持有的個股，平時我就很仔細地檢視它們的《有價證券報告書》和《決算短信》，所以它們在前後兩期《四季報》的內容有何差異，我大致都可以掌握。

貼綠色便利貼的個股數量並不多，還會因時期而波動，通常大概會有 5 ～ 10 檔。

藍色便利貼個股的數量也會因時期而變化。新冠肺炎疫

圖 4-3　在《四季報》上用便利貼標示個股

股千式《四季報》便利貼分類術

- 紅色便利貼＝目前持有的個股

- 綠色便利貼＝投資候選標的

- 黃色便利貼＝關注程度不如綠色，但也是值得留意的候選標的

- 藍色便利貼＝股價正在下跌，日後有機會轉為黃色或綠色的候選標的

情爆發後，日本股市多檔個股大跌，藍色便利貼個股的數量因而大增，目前約有 50 到 100 檔個股。

　　貼黃色便利貼的個股，平均約有 50 至 80 檔。它們都符

合價值投資的選股條件，但大多是未來才會在候選標的中名
列前茅的個股。

利用均線掌握股價走向

　　所謂的資產型價值投資，就是要找出資產可觀，股價卻
相對偏低的個股。不過在《四季報》上，我還會一併檢視股
價的變化。

　　除非碰上泡沫經濟，否則土地或不動產等資產的價值，
不會出現劇烈的變化，但業績卻是瞬息萬變。而易受業績波
動影響，也是股價的特性之一。

　　至於股價受業績影響程度的多寡，則會因個股而異。不
過在受疫情衝擊、大盤全面下挫的局面中，資產和股價之間
很容易出現落差。

　　《四季報》出刊時，雖然最多只能反映出約一個月前的
資訊，想知道最新的股價行情，最好上網看盤，可是光看單
日的股價，就像只看到一個點，無法掌握股價的走向。

　　想掌握股價大致的走向，可利用《四季報》上的「移動
平均線」（MA）走勢圖。所謂的移動平均線，就是連接每
日收盤價的平均值，所繪製出來的圖表。

　　只要觀察個股過去三年在《四季報》上呈現的走勢，就能掌握目前股價究竟是處於上漲、持平，還是下跌局面。接著再根據評估結果，決定個股該貼上藍色或黃色便利貼。

第 5 章

汰舊換新划算股，
加速獲利

對個股了解 60%，就能跨出投資步伐

如前章所述，從《四季報》中可以取得個股大致的資訊。然而我並不是只憑這點線索，就貿然進場投資。

我認為《四季報》上可取得的資訊，只呈現出企業大約20%的樣貌。先用《四季報》初步篩選出有興趣的個股，倘若這些貼上便利貼的個股，做的是 B2C 生意，那麼實際使用該公司的商品或服務，能讓我們對企業理解再提高約 10%。

接著，我們可以到各大上市公司的官方網站或 EDINET，瀏覽企業的《有價證券報告書》。若是以往不曾投資過的個股，我有時會回溯過去十年以上的資料，詳加研讀，以了解該企業如何面對像金融海嘯這樣的鉅變。過程中我會抽絲剝繭，找出報告裡的哪些項目出現了什麼樣的變化，就像在玩「改錯字」一樣。

我會特別用心研讀「業務發展風險」這個項目。在這個欄位中，我可以了解企業目前面對的風險，並確認他們做出什麼樣的因應，例如有些企業就談到了後續對新冠肺炎疫情的因應之道。

經過研讀後，對企業的了解程度，就可以再提升大概20%。或許有些人會認為，要讀超過十年份的《有價證券報告書》，工程未免太浩大，不過我倒是讀得很愉快。而且說

穿了，既然要把自己寶貴的財產託付給這家公司，花這些工夫一點也不可惜。

研讀《有價證券報告書》後，還要以同樣的方式，再研讀每一季的《決算短信》。下過這些工夫，對個股的理解大概可以再提升 10％。累積下來，對個股的了解程度，就能從 0％進展到約 60％。

即使是經營團隊的成員，對自家企業都不見得 100％理解，因此當我們對個股的了解程度來到 60％時，應該就能懷抱自信，跨出投資的步伐。

為了補足剩下 40％的了解，我會不惜付出努力，以取得最真實的資訊。

《四季報》和《有價證券報告書》等都是過去的資訊，就像我們在找工作時的履歷。發給求才公司的履歷寫得再怎麼鉅細靡遺、洋洋灑灑，企業都還是要舉行面試，了解求職者的現況和人品，不會只看書面資料就決定錄取，和投資股票很像。

如前所述，要是我很好奇某一檔資產價值股的隱含資產狀況，就會直接去看企業持有的土地或建物。倘若真的去不了，至少用 Google 街景服務查詢一下物件周邊的環境。

如果讀過上市公司官網上的「投資人關係」相關資訊後，還是對公司有疑問，我就會直接打電話給公司的股務

股千式投資步驟

① 篩選《四季報》上的個股　　　　〔理解程度〕20%UP

② 實際體驗自己關注的商品或服務　〔理解程度〕10%UP

③ 研讀個股過去十年以上的《有價證券報告書》

　　　　　　　　　　　　　　　　〔理解程度〕20%UP

④ 研讀《決算短信》　　　　　　　〔理解程度〕10%UP

了解程度進展到 60%

剩餘的 40%，用以下方式補足

• 實地參訪企業持有的土地或建物

• 用 Google 街景服務檢視物件周邊環境

• 研讀「投資人關係」的相關資訊

• 有疑問就打電話詢問股務室

• 出席「股東常會」

• 參加「投資人關係博覽會」

室，問出我想要的資訊。企業的官方網站或《有價證券報告書》上，應該都會列出股務服務窗口的電話。

買進股票後，我也會盡可能抽空參加「股東常會」。若

有想問的問題，也會積極地發言提問。要是我關心的企業剛好在同一天開股東會，就請其他股友代勞，到場提問。

　　此外，我也會盡可能出席由日本經濟新聞社等單位主辦，專為散戶所規畫的「投資人關係博覽會*」，因為只要逛逛參展企業的攤位，就能有效率地蒐集到許多資訊。

　　參加這種投資人關係博覽會，有一個優點，就是可以試著在同一時機，向各大企業請教同一個問題，以便做即時的橫向比較。

　　我是全職投資人，投資就是我的本業，所以實地走訪企業的土地、建物或出席股東常會，都是「全職投資人」這份工作的一環。我認為這些是理所當然的行為，也是我的一大樂趣。

　　對於靠投資股票賺外快的上班族股民而言，或許有些人會覺得，本業工作就已經夠忙了，怎麼可能還去研究這些。可是話說回來，應該不會有人願意借一大筆錢給不熟的人吧？要是事前沒有仔細確認清楚對方的來歷，我們寶貴的財產，恐怕將有去無回。

　　投資股票也是一樣，絕不能貿然把錢拿去亂投自己根本不熟悉的公司。既然要投資，就該多花一些時間，認真研究才對。

---

* IR Fair。2020 年受疫情影響，越來越多業者改為線上辦理。

使用股東服務的注意事項

就這樣，凡是有意評估買進的個股，我就會打電話到該公司的股務室去提問。有時聊得太起勁，甚至還可以聊上一個小時。

在打電話向上市公司股務室提問時，我會特別留意以下四個重點：

- 不問財報上已清楚揭露的內容
- 不擅自批評
- 誠懇表達自己的想法
- 詢問公司對風險的看法

不問財報上已清楚揭露的內容

我會特別提醒自己，千萬別問公司已清楚揭露的事項，以免浪費對方寶貴的時間。因此我總會熟讀《有價證券報告書》和《決算短信》等公開資料的內容，確實預習，以確保提問內容是資料上沒寫出來。有時股務室的窗口還會因為我對公司狀況太了解，忍不住開口說：「請問你是分析師嗎？」

我常問的問題是「貴公司有什麼企業文化？」「最近董

事長剛異動，公司氣氛有沒有改變？」之類的問題。

　　企業會主動揭露的，都是充滿數字和數據的「量化資訊」，而公司文化和氣氛等，都是無法化為數字、數據的「質化資訊」，所以我才會特別問這些問題。

　　股務窗口在面對這些問題時，不論是回答的內容或語氣，也都會透露許多無法以數字、數據表達的質化資訊。

　　我很喜歡《神探可倫坡》（Columbo）這部早期的美國影集。可倫坡總會不著痕跡地盤問可疑人物，並從中找出真相。其實我也是一樣。從股務窗口的口氣與言談氛圍探究企業本質，也是我投資的樂趣之一。對方畢竟也是血肉之軀，有時就會不經意地在字裡行間透露真心話。

不擅自批評

　　劈頭就用「公司為什麼不賺錢！」或「防疫做得太差了！」之類的批評開場，顯然不是在提問而是來客訴。股務窗口固然會代表公司回答這些問題，但他們畢竟不是經營團隊，就算被批評得狗血淋頭，也無從評論。

　　我要求自己不能一開口就滿嘴批評，甚至還要先從讚美的好話開始說起。

　　以我持有的 Net-Net 股岩塚製菓為例，我的開場白就會是：「我真的很喜歡吃貴公司的『田舍米果』，居家防疫這

段期間，我在家裡囤積了好多，經常拿出來吃。」

聽到自家商品或服務獲得顧客肯定，股務窗口當然就會很高興。這樣炒熱談話氣氛後再談，有時還能問出商品銷售狀況和新產品資訊等消息。

誠懇表達自己的想法

基本上，投資人都會想拉抬自己投資個股的企業價值。因此我要求自己，必須對這些企業誠懇地表達自己的想法。

以前述的岩塚製菓為例，我會提出「商品明明這麼好吃，品牌卻做得不太好。要不要換個更有設計感的包裝，或針對疫情過後來日本觀光的外籍旅客，開發一些可以放在機場當伴手禮賣的商品？我想只要業績能變好，就會反應在股價上，利潤也能回饋給我們這樣的小股東。」之類的建議。

有時對方會很制式地回答「感謝你寶貴的意見」，就結束對話；但偶爾也會聽到諸如「其實公司內部也有類似的意見，但還沒有獲得經營團隊的首肯，所以尚未付諸實現」等消息，透露出企業內部的真實狀況。

詢問公司對風險的看法

如前所述，在《有價證券報告書》當中，有一個需要描述「業務發展風險」的項目。

　　做生意一定會有風險，例如以出口為主的企業，要背負匯率變動的風險；成衣或飲料製造商，則要面對氣候變遷所帶來的風險。

　　探詢上市公司打算如何因應列在《有價證券報告書》上的風險時，如果對方立刻說出具體的方案，代表企業已擬訂因應之道，日後風險浮上檯面，衝擊公司營運的機率很低。

　　如果股務窗口在電話上支吾其詞，恐怕公司尚未做好面對風險的準備。以 2020 年為例，我的提問內容，大概就是「如果疫情肆虐的時間拉長到超出預期，公司打算祭出什麼樣的因應措施？」之類的問題。

理想持股為 10 檔，新手則低於 5 檔

　　目前我在價值投資方面，共持有 18 檔個股。若要問我這樣算多還是算少，其實應該說是稍多了一點。

　　持有一檔個股，每一季就要看一份《決算短信》（一年 4 份），一年算下來，就等於要讀 18 檔 ×4 份 = 72 份。再加上《有價證券報告書》也是一年出 4 份，所以總共就是 72 的兩倍，也就是要讀 144 份資料。

　　我個人非常喜歡研讀《有價證券報告書》和《決算短

信》。然而每個人的時間畢竟還是有限，持股數量越多，能花在單一個股上的分析時間就會變短。如此一來，恐怕會讓我沒有辦法深入調查、探究個股的詳情。

在價值投資中，為了擁有理想的資產配置組合，有時也要更換持股，後文我也會再詳加說明。持股的過程中，還必須定期為個股打分數、給評價，再列出排名順序。所以持股數量越多，能花在單一個股上的時間就會越來越少。

股市有一句格言：「雞蛋不要放在同一個籃子裡。」分散投資向來都被奉為投資股票的不二法門。然而，過度分散反而會讓我們在時間安排上捉襟見肘，以致於忽略了原本該留意的重點。

至於為什麼我持有的個股，會從理想的個股數量膨脹到這麼多，是因為我操作價值投資標的，主要多為流動性偏低的冷門小型股，而隨著資產增加，手上便有越來越多，持股無法隨心所欲地買賣。

進場投資前，我一定會仔細地調查個股資訊，直到自己能接受才肯罷休。因此，我投資股票有一項規矩，那就是一旦決定買進，小型股1檔至少會投資500萬日元，大型股則是至少1,000萬日元，如果不投資這麼多，花在研究上的時間就划不來了。

　　不過加碼投資太多，個股又是總市值很低的小型股時，自己的一買、一賣，都可能讓股價往意料之外的方向震盪。

　　再加上我的投資作風，是把證券帳戶裡的所有資金全都用來投資的全額投資派，現金部位往往都只有 10％以下。況且我又以小型股為主要投資標的，一旦資金變多，必然就會增加持有的個股數量。

　　受到疫情等太多不確定因素的影響，情勢尚未明朗，因此很難刪減持股家數，甚至還又多了幾檔。

　　有數據顯示，只要持有 7 到 10 檔持股，就足以分散風險；況且在《四季報》中，主要股東只會揭露到前十大。因此我也打算遲早要把持股縮減到 10 檔左右。

　　價值投資的新手，就算只從自己精挑細選出來的一檔個股開始投資也無妨。起步之後可以慢慢增加，但初期最好還是控制在 5 檔以內，才能做更細膩的投資，騰出更多時間投注在每一檔個股的分析與調查上。

　　此外，我還會針對已買進的個股持續進行定期觀測，以觀察個股的變化。這樣可以加深我對個股的認識，甚至還能幫助我在投資路上持續成長。

　　建議投資人不要在同一種行業裡增加投資標的，而是要往不同行業發展。舉例來說，假如當初是從自己熟悉的零售業開始投資，那麼就可以往服務業、不動產業、醫藥品等不

同行業發展，擴大自己的防守範圍。

　　光是在同一個行業打轉，擴大投資的個股數量，就會陷入大同小異的價值陷阱，到時候可能會因為持股的股價漲不動而見異思遷，或受到特定業種的風險嚴重影響。

　　持有不同業種的股票，可分散風險；而多研究各種不同業種再投資，能讓投資人的視野變得更開闊。

每週重新檢視持股、排名

　　我向來都是落實評估相關資訊，再挑選股價偏低的個股。不過我並不會對某檔個股情有獨鍾，非買不可。只要發現股價更被嚴重低估的個股，隨時都可以換股操作。

　　因此我向來致力於將持股依序排名。而用來排名的指標，就是前文介紹過的「預估本益比」、「實質 PBR」、「Net-Net 指數」、「葛拉漢指數」，再加上「現金殖利率」和「稅前息前折舊攤銷前獲利」（EBITDA）等指標。

　　所謂的現金殖利率，就是用買進個股的股價，呈現投資人每年可以獲得多少配息的指標，計算方式如下：

表 5-1　六大指標判斷基準

指標	超級便宜	很便宜	便宜
預估本益比	不滿 6 倍	6 倍以上～不滿 8 倍	8 倍以上～不滿 10 倍
實質 PBR	不滿 0.3	0.3 以上～不滿 0.4	0.4 以上～不滿 0.5
Net-Net 指數	不滿 0.5	0.5 以上～不滿 0.66	0.66 以上～不滿 1.0
葛拉漢指數	不滿 5.0	5.0 以上～不滿 8.0	8.0 以上～不滿 10
現金殖利率	5% 以上	4% 以上～ 5%	3% 以上～不滿 4%
EBITDA	不滿 3 倍	3 倍以上～不滿 4 倍	4 倍以上～不滿 5 倍

現金殖利率（％）＝每股每年平均配息金額 ÷ 股價 × 100

　　EBITDA 指的是企業在支付利息、稅款，以及扣除有形與無形固定資產折舊攤銷前的獲利。說得更簡單一點，其實就等於「營業利益＋折舊攤提」，是以現金基礎來判斷本業獲利水準多寡的一項指標。運用這六大指標評價個股是否值得投資的判斷基準。

　　除了這些指標，我還會根據自身經驗，斟酌加入些許外資持股占比和股價催化劑等因素，每週重新給予各檔持股「3A」到「1C」的評等。

完成評等排名後，再與其他我認為「可以馬上進場」的個股（《四季報》上貼綠色便利貼處）做比較。只要判斷排名最低的個股表現較差，我就會毫不猶豫地換股操作。

在日本的職業足球聯盟 J 聯盟當中，又分為頂尖的 J1組和水準居次的 J2 組，所屬隊伍會依成績調整，在 J1 中排名最低的兩支球隊，和在 J2 中排名最高的兩支球隊，會被交換組別，以維持「反映球隊實力」的聯盟制度運作。

J 聯盟的分組是每個球季調整一次，而我的股價低估程度比較，則是每週進行一次，以便用股價更便宜的個股，更新我的投資組合。

適時更換股價更被低估的划算股

常有人問我：「你的持股要到什麼時候才會賣出？」

我的投資目標，並不是在最佳時機出脫持股、獲利了結。請容我再強調一次，我關心的是能不能用股價偏低的個股，搭配出最佳投資組合。換言之，我會賣出持股，是為了要改買股價被嚴重低估的個股；不是因為想賣而賣，是為了想買而賣。

一直以來，我最重視的，是如何用最少的資金將整個投

資組合的「完整盈餘」（look through earning）」和「完整淨值」拉抬到最高。

所謂的「完整盈餘」，其實是巴菲特自創的新詞。

假設有一棟大樓，裡面分隔成十間出租套房，而我們持有其中的兩間。若每間房的房租都一樣，那麼我們的獲利，在整棟大樓的租金收入中就占了 20%。

同樣地，用整家公司的獲利，乘上自己的持股占比，就是所謂的完整盈餘。我們可用下列公式來計算：

完整盈餘＝每股盈餘（EPS）× 持有股數

我在這個基礎之上，又自創出一套「完整淨值」的概念：

完整淨值＝每股淨值（實質 BPS）× 持有股數

所謂的「實質 BPS」，就是在 BPS 當中，再加計未實現損益的數字。算出每一檔持股的完整盈餘和完整淨值，再分別加總，就能算出整個投資組合的完整盈餘和完整淨值。

不論股價是漲是跌，只要企業獲利、資產增加，完整盈

餘和完整淨值就會上揚，只要我持有的獲利和資產增加，那麼即使股價出現短期性的跌勢，也能不以為意、從容以對，因為我相信一家獲利和資產都在成長的公司，股價終將會得到相應的評價，回到合理的價位。

截至 2020 年 10 月，我整個投資組合的完整盈餘是每年 1,112 萬日元（約新台幣 278 萬元），完整淨值約為 6 億零 782 萬日元（約新台幣 1 億 5,196 萬元）。累積出這些財富的本金，大概是 1 億 9,414 萬日元（約新台幣 4,854 萬元）。

全年度的完整盈餘，就相當於是我的年薪。另外每年還有配息，金額大約是 423 萬日元（約新台幣 106 萬元）（見表 5-2）。

綜觀我的投資組合，每年的獲利金額為 1,100 萬日元，還有 423 萬日元的配息可領，等於是用 1 億 9,000 萬左右，就買到一家淨值逾 6 億日元的公司，我個人認為非常划算。

賣掉股票後，現金或許是會增加，但完整盈餘和完整淨值都會降低。因此我的持股都盡可能不賣。

用配息等收入來加碼投資，固然也是一個方法，但我偏好把個股列出來排序後，再更換成股價更被低估的個股。

當股價下跌，市場上可買到股價被低估的個股時，我的完整盈餘和完整淨值就會增加。股價是市場價格，而我所觀察的，是企業的內在價值，也就是有多少創造獲利的能耐，

表 5-2　股千的投資組合 Excel 表

18 檔持股	持股數量	買入價位（日元）	現價（日元）	前日比	EBITDA	PER	PBR	殖利率	外資	比較	葛拉漢	NN指數	完整淨值（日元）	完整盈餘（日元）
岩塚製菓	3,000	3,758	3,815	-20	5.9	10.2	0.42	0.79%	16.7%	-1.0%	4.2	0.55	27,530,940	1,124,250
片倉工業	7,500	1,253	1,253	-38	7.1	27.3	0.28	1.12%	18.5%	-0.7%	7.6	2.46	33,669,104	344,250
宮地工程	6,000	1,668	2,113	24	2.8	4.8	0.51	2.84%	9.1%		2.5	1.01	24,739,934	2,644,860
丸八控股	32,400	745	707	1	9.4	12.3	0.25	4.24%	3.7%	-0.7%	3.0	0.48	94,746,488	1,861,056
昭榮藥品	10,000	533	928	-6	8.3	18.3	0.42	1.94%	1.4%	-0.6%	7.6	0.46	22,316,490	507,900
島精機製作所	6,000	1,396	1,761	-17	-	-	0.58	1.14%	17.0%	-4.1%		1.21	18,266,344	-556,320
宇野澤組鐵工所	3,000	2,142	2,325	-15	8.6	16.6	0.21	0.86%	0.6%	-0.4%	3.4		33,973,661	420,960
海利克斯	5,000	1,081	1,185	-16	3.1	-	0.29	2.78%	25.6%	-0.6%		0.67	20,560,800	-303,750
良品計劃	5,000	1,146	2,311	23	-	17.5	3.37	1.73%	44.5%	-2.5%	58.9	-	3,424,700	661,550
岡谷鋼機	1,000	9,370	8,290	140	3.0	8.0	0.38	2.71%	0.6%	-0.1%	3.0	1.19	21,849,951	1,038,870
Fuji Seal	2,500	1,992	1,990	-88	5.3	13.8	1.11	1.61%	44.5%	-2.5%	15.4	-	4,477,700	359,950
日皮	2,000	3,987	3,735	-70	3.2	2.5	0.23	1.34%	6.9%	-1.4%	0.6		33,117,688	2,989,900
AT 集團	12,000	1,489	1,350	-10	1.3	8.4	0.22	2.22%	13.0%	-1.2%	1.8	1.13	74,835,948	1,929,360
三菱地所	19,000	1,704	1,718.5	-53.5	7.5	20.9	0.38	1.45%	40.9%	-1.0%	8.0		84,833,371	1,561,420
東日本旅客鐵道	2,000	6,891	6,140	-210	3.5	-	0.53	1.63%	30.1%		-		23,305,290	-2,216,800
東海旅客鐵道	1,500	16,726	13,950	-535	3.3	-	0.74	0.93%	21.0%	-0.2%	-		28,320,291	-1,465,695
精養軒	10,000	900	809	7	15.1	-	0.30	0.00%	0.9	0.2%		1.35	27,028,546	
軟體銀行集團	1,000	3,988	6,667.0	-12.0	4.5	7.4	0.46	0.33%	38.6%	2.1%	3.4		14,528,000	903,060

						PER	PBR	現金殖利率					完整淨值	完整盈餘
				AVE		18.5	0.37	1.79%			AVE	6.8	591,525,245	11,804,821
						殖利率	折扣率	配息率					總市值	應收配息
						5.4	-63.1%	33.1%					218,276,800	3,909,000

以及能累積多少淨值。

　　只要能用偏低的價格，買到內在價值高的個股，我的完整盈餘和完整淨值就會增加。與其長抱同一檔股票，不如列出股價更被低估的個股，持續汰舊換新，才能在股市裡賺到

更豐厚的獲利。

在日本民間故事「稻草富翁」當中，主角就是用一根稻草，不斷與人交換更高價的物品，最後成了大富翁。我這種「不斷將持股換到股價更低、價值更高的個股」的投資作風，或許就可以說是一種「稻草型價值投資」。

優惠股：小股東和大股東享有同樣優惠

前文說明過「價值股」和「優惠股[*]」，我會把兩種股票分別放在不同的證券帳戶裡。

優惠股的優惠本身就是一種股價催化劑，所以很少有價格偏低的個股。優惠股既提供股東優惠又有配息，等於是有兩筆股利收入可期，還能協助我分散投資。

以往我持有許多優惠股，但因為受到疫情的影響，取消股東優惠的企業越來越多，所以我也跟著逐步減碼。目前我持有的優惠股僅 26 檔，是極盛時期的一半。

我持有的優惠股，數量都控制在最小買賣單位，因為最

---

* 日本部分上市公司會針對持股至除權日的股東，致贈公司產品或服務的兌換、折價券等禮品，以鼓勵股東長期持有。性質上類似台灣的股東會紀念品，但贈品的價值更高。

小買賣單位最值得期待。

　　僅持有最小買賣單位，也就是 100 股的股東，和持有 100 倍，也就是 10,000 股的股東，能獲得的優惠內容，很多時候根本一模一樣。

　　持有 10,000 股的股東，和只有 100 股的股東，能領到的配息金額的確相差百倍，但股東優惠可就說不定了。

　　說穿了，「股東優惠」恐怕是日本特有的一套機制，至少在美國股市是沒有的，因為這機制違反了「股東平等原則」。

　　所謂的股東平等原則，是指股東應依其持股數量的多寡，受到平等的對待，例如股息就是以股東平等原則為基礎分派。而不論持有 100 股或 10,000 股，都只能得到相同優惠的個股，很難說是落實了股東平等原則。

　　身為投資人，我認為企業應該尊重股東平等原則。然而，股東優惠的實施，其實有一部分是反映了日本人在中元和年節送禮的習俗，所以我其實也希望這些上市公司延續傳統，但量力而為。

　　我所持有的優惠股，主要是我自己平常很愛光顧的一些零售或餐飲企業。我很看重這些優惠，因為可以派上用場的機會很多。

　　日常生活中會用到的股東優惠，其實還有一個效果，那

就是可以多製造一些機會，讓投資人實際前往這些公司的業務現場。兼差投資的上班族股民，要為了投資而專程安排時間去看現場，未免太辛苦。若能趁著使用股東優惠之際，順便去看企業第一線的業務發展狀況，還能達到省時的效果。

我會持有零售業和餐飲業的優惠股，是因為我覺得這樣做，對企業來說也很有益。

據說餐飲業的成本率平均約為三成。因此即使發放 10,000 日元的股東優惠餐券，公司實際上只需要負擔 3,000 日元左右；但對股東而言，還是會覺得自己享受到了 10,000 日元的服務，對企業的滿意度也隨之提升。

況且股東在消費時，會因為「既然有 10,000 元的免費額度，那就再多點幾道餐點」的心態，而比較願意打開錢包消費，可望為企業帶來更多營收。假如負擔 3,000 日元，就能多賺 5,000 日元的營收，對企業而言利大於弊。

反之，最要不得的情況，就是發放「QUO 卡」*來當股東優惠。領到 QUO 卡的股東，不見得會用來買該企業的商品或服務，很難期待此舉再為企業帶來追加營收的效應，企業就只是白白花掉 QUO 卡的製作成本而已，況且寄送這些卡片的成本，也不是一筆小數目，與其如此，還不如廢除股東

---

* 日本全國通用的禮券卡，在合作商家都可消費。

優惠，多發放一些股利比較實在。實際上，近來的確有越來越多企業取消了發放 QUO 卡當優惠的制度。

　　投資的基本功，其實就在於節約。對股東而言，這些平常就會去消費的店家，如果能有股東優惠，就能省下生活開銷；若能再把省下來的錢拿去投資，就有助於累積財富。

　　或許投資人會覺得，以「一年」這麼短期的區間來看，似乎沒有太大的差異。但如果拉長到三年、五年，甚至是十年，就會累積出相當可觀的差距。

用合理價買進超級績優股

　　除了價值股和優惠股，我還很關注另一種股票，那就是「超級績優股」。所謂的超級績優股，說得更具體一點，就是像任天堂、基恩斯和迪思科（DISCO，東證一部：6146）這樣的個股。這些都是享譽全球、擁有卓越技術的日本企業，在世界各地也都備受肯定。

　　任天堂是研發、製造和銷售遊戲機與遊戲軟體的跨國企業，自有資本比率約占 79％。當年我讀國中時，第一檔想投資的股票就是它。目前它的股價約為 5,700 日元（約新台幣 1,425 元），PER 約 23 倍，PBR 約 4 倍，總市值逾 7 兆

5,000 億日元[*]（約新台幣 1 兆 8,750 億元），完全不是價值投資會選擇的標的。

基恩斯是檢出、測量控制設備大廠，產品包括工廠自動化（FA）感測器等。它的自有資本比率逾 97%，股價約為 5,300 日元（約新台幣 1,325 元），PER 約 65 倍，PBR 約 7.3 倍，總市值約為 13 兆日元（約新台幣 3 兆 2,500 億元），也很難說是一檔適合拿來操作價值投資的個股。

雖然迪思科不如基恩斯家大業大，但同樣是一家超級績優股，更是半導體、電子零件裁切、研削、研磨領域的全球霸主。它的自有資本比率約逾 80%，股價約為 33,000 日元（約新台幣 8,250 元），PER 約 43 倍，PBR 則為 5.3 倍，總市值逾 1 兆 2,000 億日元（約新台幣 3,000 元），也是一檔不適合拿來操作價值投資的個股。

像新冠病毒疫情這種造成股市重挫的局面，投資人可以公平價值買進超級績優股，可說是千載難逢的機會。所謂的公平價值，其實就是合理價位。股市每年都會出現幾次修正拉回的波段，儘管股價跌幅不如當年的金融海嘯或三一一東日本大地震，這種好幾年才有一次的大崩盤，但也都是買進股票的良機。

---

[*] 2020 年 12 月 1 日統計數字。後文基思斯和迪思科統計日期亦同。

　　由於許多投資人都選擇長期續抱這些超級績優股，而外資持股的比例也相當高，願意賣出的投資人較少，因此它們在市場上的買賣，通常都不是公平價值，而是以偏高價位成交。

　　任天堂在疫情衝擊下，股價曾一度跌到 31,000 日元（約新台幣 7,750 元），後來隨即反彈，股價飆升近兩倍。推升股價的原因之一，在於疫情不斷升溫，民眾避免外出的心態蔓延，使得越來越多人選擇透過下載來購買遊戲軟體所致。

　　實體版和數位版的遊戲軟體售價相同，但數位版的成本比實體版低。數位版的銷量越多，代表任天堂的獲利率越好。我其實沒料想到竟然有這麼多玩家願意購買數位版遊戲軟體，所以沒有跟上這一波漲勢，讓我學到了寶貴的一課。

　　基恩斯則是受到疫情衝擊，在 2020 年 3 月時曾一度跌到 30,000 日元前後，但後來隨即反彈到原先股價的近三倍（約新台幣 7,500 元）。

　　迪思科也一樣，股價在 2020 年 3 月時，曾一度跌到 30,000 日元前後，但隨即回穩，甚至還一路上攻，強勢上漲近兩倍。

　　希望平時就多留意這些超級績優股，遇有像新冠肺炎疫情這樣的大跌時，可以毫不遲疑地買進。話雖如此，這次我還是沒跟上買進超級績優股的良機。希望下次不會再錯過買

股時機，也請提醒自己，當機會來敲門的時候，一定要盡量把握。

第 6 章

股票是致富必備的投資法

用錢滾錢最好的金融工具

讀到這裡，說不定還是有些人無法跳脫「投資股票很危險」這種傳統觀念。在我看來，投資股票是最適合用來累積個人財富的金融商品。

漫長的人生要活得開心愜意，就要有一些能長期支持我們生活所需的資產。這份資產的多寡，端看把賺來的錢擺在哪裡，或把這些錢變成什麼。

「資金該放在哪裡？該如何用錢滾錢？」的最佳解答，莫過於股票了。

像日本這樣的資本主義社會，我認為股票就是致富必備的門票。只要有了錢，財富上的自由度就會提高，可以把更多時間花在自己喜愛的事物上。

世上並不是所有東西都能用錢買到，但我認為八成的問題都可以花錢解決。我更深信本書所介紹的價值投資，最適合用來長期累積資產。

我從五歲起，就開始定額存款。倘若現在的定存利息和當年一樣有 7%[*]錢或許可一直丟在銀行裡也無妨。用複利來操作這 7%的話，十年後資產就會變成兩倍，二十年後就變

---

[*] 說得更準確一點，是利息 7.12%。

成四倍。

　　然而，如今的存款利率，就連定存也只有 0.001％，而且這種超低利率的狀況，今後看來還會持續下去，恐怕沒有人會想再把錢存在銀行生利息。

　　很多長輩都把現金留在手邊，形成一筆可觀的「衣櫃存款」。這樣做不僅在安全上有疑慮，現金的價值也會因為通貨膨脹而下降。而股票的優點，就是可以安全持有，也能有效對抗通膨，甚至還能領到配息。

　　以往，日本社會曾有過所謂的「土地神話」，民眾普遍相信「日本的地價會持續上漲」。泡沫經濟時期，很多人都靠著投資不動產而致富，就像前文介紹過的泡沫紳士一樣。

　　然而，如今這則神話早已破滅。除了部分都會區，地方城市的地價已大不如前。此刻，日本社會的人口開始減少，空屋增加成為一大問題，就長期而言，所有不動產都不可能持續上漲。

　　其實不動產只要持有，就要付「固定資產稅」；而股票只要不賣出，就不需要繳稅。況且股票採取所謂的「分離課稅」，不論賣出後獲利 10 萬日元還是 1 億日元，在日本適用的稅率都是 20.315％。萬一認賠賣出，當然就不必繳稅。

　　投資不動產的一大缺點，就是「流動性」比股票低。「不動產市場」並不如股市開放，買方開出期望售價後，要

等到願意接受的買家出現，有時可能需要花上好一段時間。要是望穿秋水，仍等不到有緣人來接手，只好含淚降價，直到賣出為止。

況且不動產在買賣時，都要支付高額仲介費。在日本，出售 4,000 萬日元（約新台幣 1,000 萬元）以上的不動產時，仲介費就是成交價 ×3％ + 6 萬日元（+消費稅）。以出售一戶 4,000 萬的住宅大樓為例，仲介費將高達 138 萬 6,000 日元（約新台幣 34 萬 6,500 元）。

反觀股票則是只要求售，馬上能找到買家，所以隨時可以變現，流動性高，是投資股票的一大優勢。若透過網路券商下單，手續費更只要幾百日元。

有些人會為了對抗通膨，而持續少量買進黃金，但這也很難構成不投資股票的理由。其實我目前也持有一些黃金和白金的現貨，雖然可以對抗通膨，但黃金等現貨資產不會孳息，也沒有配息，因此無從運用複利的優勢，是一大缺點。

越早投資越能享受複利威力

若要投資股票，最好盡早進場。原因有二：

第一個原因，是因為從過去的歷史脈絡看來，股價一直

在持續上漲。據說投資股票的「期望報酬率」約為 7%，越早開始投資，越能充分運用複利的威力，在累積財富上相當有利。

光就日經平均股價指數來看，在泡沫經濟瓦解之後，股價似乎呈現動盪局面，但這其實有一部分是因為投資人調整投資組合的時機不妥，或投資操作缺乏連續性所致。

截至 1989 年為止，日本的股價漲勢太猛，使得後來股價出現反動，恐怕也是大盤呈現動盪局面的原因之一（自1949 年起的四十年間，日經平均股價飆漲了 221 倍）。

儘管日經平均指數尚未超越泡沫經濟時期的最高點，但就個股來看，已有多檔打破泡沫經濟時期所創下的股價紀錄（見圖 6-1）。

美國股市一路向上的走勢相當顯著，一般認為，日經平均指數容易上下震盪，是因為日本股市外資買賣占比偏高的緣故。

當自己國家的經濟情勢惡化時，這些外資就會開始出售自己在其他國家投資的股票。此時匯市容易出現日元升值的局面，這對外資而言是一項利多，因為即使賣股，也不太會出現虧損，所以他們比較願意放手賣出持股。

儘管日本股市看來震盪劇烈，但整體的總市值大致是呈現上漲趨勢。就算只看最近這十年，在金融風暴過後的股價

圖 6-1　許多企業的股價，都已高於泡沫經濟時期的價位

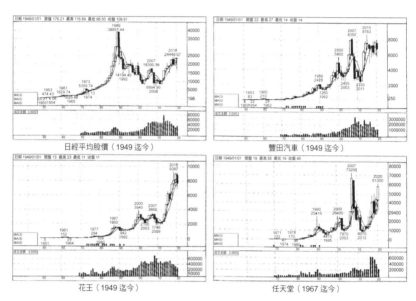

低檔期，也就是 2010 年底，日本股市的總市值為 310 兆日元；十年後（2020 年 10 月 18 日），總市值已大漲兩倍以上，來到 640 兆日元（見圖 6-2）。

其實我太太就是個把股票當副業的投資人。她在 2006 年時，就以 200 萬日元的本金進場，開始投資股票。

隔年，也就是 2007 年時，美國發生了次貸風暴；2008 年時，又有金融海嘯作亂。因此她這三年的投資績效都是負值，資金甚至還一度銳減到只剩近 40 萬日元。

圖 6-2　東證一部自 1949 年起的股票總市值推移

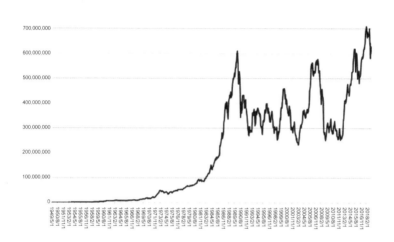

當時，我太太覺得很煩惱。但她聽了我「最好繼續投資股票」的建議後，決定不屈不撓，持續征戰股海。結果現在她的股票資產，已經突破了 1 億日元大關。

不管從什麼時候開始進場投資，都要堅持下去，不因為投資失利而黯然退場，最後一定能看到成果，我太太就是一個很好的例子。

所以如果對投資股票有興趣的話，無須裹足不前。擇日不如撞日，心血來潮的那一天，就該開始投入股市。

我會勸大家應該盡早投入股市，還有另一個原因，那就是每個人都需要花時間累積經驗，這就和體育競賽很相似。

高中時代曾打進甲子園錦標賽，後來進入職棒大放異彩的選手，大多數都打過少棒，從小就開始投球、揮棒。足球和花式溜冰選手，幾乎都是如此。

　　其實投資股票也和體育項目一樣，需要透過經驗的累積，來磨鍊投資技巧，所以越早開始越有利。

　　像我這樣從學生時期就開始接觸股票，是最理想的狀態。據說在美國，家長有送股票給孩子當生日禮物的文化。如果有子女，不妨考慮送股票給他們，或用股東優惠券帶他們到餐廳吃美食，讓他們對投資股票產生興趣。

　　股市和體育競賽有一個很大的差異，那就是新手、業餘玩家和職業人士，全都在同一個賽場上競爭。在體壇上，不太可能讓新手、業餘玩家和職業選手同場較勁。

　　社區棒球隊對上高中勁旅，或是高中校隊與職棒選手捉對廝殺，結果想必已很能預期 *。

　　然而在股市中，包括新手在內的一般投資大眾，也就是所謂的業餘玩家，天天都要和法人、投信等專業操盤手，在同一個戰場上較勁。

　　正因如此，股市新手更要趁早累積經驗，發揮散戶的優勢，鎖定專業操盤手無暇顧及的價值投資缺口，進場投資。

---

* 但足球例外，偶爾會出現大學生踢贏 J1 等職業球隊的情況。

退休才進場，投資最危險

最危險的投資操作，就是退休後才匆忙進場買股。

過去專心投入工作，沒有任何股票投資經驗的人，為了多賺一些老本，就貿然將鉅資投入股市，恐怕會在股市裡重摔一跤。

連基礎知識都還搞不清楚的時候，投資人大多逃不過賠錢的命運。這時要是不幸把退休金虧掉了一大半，恐怕就會落得晚景淒涼的下場。

如今已是「人生百年時代」，就算六十歲申請退休，人生下半場也還有四十年。所以更該趁早開始投資股票，別等到退休後才匆忙進場。要是到退休前都還沒有投資經驗，建議不妨先從日經平均指數，或美國「標普五百」連動的指數型基金開始操作。

在熟悉投資操作，建立自己的投資風格前，應避免操作「信用交易」。我個人一直以來，都是用自有資金進行「現貨交易」。

所謂的信用交易，就是投資人可向券商融資，用小額本金去操作高出本金兩、三倍的交易。如果操作得宜，這種交易的獲利的確相當可觀，可是風險也很高，萬一投資失利，最糟甚至可能讓人破產。

我從國中時就常進出證券公司，當年就曾看過好幾個因為操作信用交易而爆出鉅額虧損，最後當事人銷聲匿跡的案例。所以，我對信用交易的態度，比其他散戶更加審慎保守。

　　我至今都還忘不了當年有位衣衫襤褸的老太太，當我還拿著敝帚自珍的 40 萬日元，煩惱著該買哪一檔股票時，她竟走到營業員窗口，說：「幫我掛日活[*]10,000 股買進。」就下單了。

　　她口中的日活（NIKKATSU），是日本歷史最悠久的電影製作、發行商。旗下的「日活浪漫情色」系列，也曾紅極一時。當時股價約 200 日元，買 10,000 股需要拿出 200 萬日元。在我少不更事的心靈裡，只留下「這個老太太還真是人不可貌相，原來她是個有錢人！」的詫異。

　　可是，後來不出幾年，她就破產了。證券公司員工表示，據說她的股票資產曾多達數億日元，但後來因為操作信用交易失利，竟把那些資產和她住的房子，全都賠得精光。

　　如果買賣的是股票現貨，就算股價再怎麼雪崩式下跌，賣出手中的持股，至少還能拿回一點錢。買賣之間固然會有一些虧損，但只要公司不倒，股價就不會跌到負值。

---

[*] 創立於 1912 年，原名「日本活動寫真株式會社」。

　　不碰信用交易，從小資金開始，以現金交易的方式投入股市。經過再三買進、賣出，腳踏實地的花時間累積投資經驗後，靠價值投資法躋身「億萬富翁」之列，我認為並非不可能。

從日常生活找標的，累積上億資產

　　我沒上過班，就連計時人員都沒當過，也就是毫無社會經驗可言。

　　「欠缺社會經驗」這件事，對於一個投資人而言，我認為是負面的。為了盡可能彌補這項缺陷，我會到圖書館去借書來讀，或是有空就到街上逛逛，提醒自己要多留意大街小巷裡的細微變化。

　　走一趟家電量販店，更是能讓我待上一整天，不只是因為我喜歡這些家電，更因為這裡滿地都是網路上蒐集不到的即時資訊和投資靈感，俯拾皆是；跟著太太出門逛街採買，說不定就可以發現一些新鮮事，所以要我陪著逛上四、五個小時也無妨。

　　出門逛街時，我不只會觀察店裡陳列的品項，還會看上門消費的是哪些顧客。碰到女性顧客特別多的店家，後續

我就會再查詢這家企業是不是上市公司，因為女性在消費方面，對好壞的判斷往往比男性更嚴謹，所以眾多女性顧客願意上門消費的店家，成長潛力可期。

兼差投資的上班族股民，可說是天天都在累積社會經驗。就這一層而言，他們在投資上，其實比我這種全職投資人更有利。

至少上班族股民對自己服務的企業，應該會比外部人士更了解；對於競爭同業或客戶的狀況，也能蒐集到更多資訊。從這些資訊中找到投資靈感的案例，應該不在少數。

以 1999 年到 2000 年的網路泡沫期為例，當時光通信（東證一部：9435）公司在各地開設行動電話經銷門市「HIT SHOP」，展店速度飛快，業務規模和股價都一路攀升。

據說最早發現這檔個股值得買進的並不是投資人，而是房仲。當時有房仲業者產生狐疑，心想：「最近老是聽到『HIT SHOP』這個新承租人，究竟是何方神聖？」後來才有眼明手快的人進場投資。

如果發現自己服務的公司在成長，獲利也在增加，但薪水的漲幅卻不如人意時，買進自家公司的股票，也是為自己加薪的方法之一。

日本的上市公司員工，多半可加入公司的員工持股會，

每月提撥一定金額，以低於市價二到五成的價位，買進自家公司股票。即使薪水在公司成長過程中漲幅有限，只要業績蒸蒸日上，股價隨之翻揚，我們不僅能拿到資本利得（賣股所賺的價差），還能坐領股利。

買進一家公司的股票，等於是當企業的老闆。尤其購買自家公司股票，當了自己公司的老闆之後，個人的利害便與企業一致，想必就能更認真地投入工作。

若能以這樣的工作態度贏得肯定，應該就能升職加薪。接著再用多出來的薪水，加碼買進自家公司的股票即可。

說到家庭主婦投資股票，我媽媽曾有過成功案例：

我媽媽原先並沒有投資股票，是因為看到我投資，她才動了投入股市的念頭，並自 2001 年起開始投資。她的本金，是她省吃儉用積攢下來的私房錢，以往都藏在櫥櫃的棉被裡。

投資三、四年後，有一天，我媽從網路新聞上，看到「卑彌呼」（HIMIKO）這個品牌推出了新的鞋款。這款鞋子的鞋墊中，加入了一種「水樣液」（像水的液體），會依腳的動作變化流動，達到按摩腳底的效果。

我媽突然福至心靈，覺得「這個鞋款，說不定會受到工作時要久站的粉領族歡迎」，便隨即買進了卑彌呼的股票。後來，卑彌呼的股價上漲了近四倍之多，讓她在賣出持股

後，一口氣賺了近 600 萬日元（約新台幣 150 萬元）。

我太太也曾有過類似的經驗。這種女性特有的直覺，能從自己實際用過、聽過的商品、服務中，找出「這個會紅！股價應該會跟著漲」的個股，而且實際買股後，還真的應聲大漲。

其實家庭主婦幾乎天天都要買東西，而她們從生活周遭的熱銷商品中，找到投資靈感的案例，我想應該不在少數。

這種神乎其技的操作，我這種理論派投資人絕對學不來。如今，我媽媽也和我太太一樣，坐擁上億日元的股票資產，她們兩個也是經常交換投資消息、互通資訊的股友。卑彌呼這檔股票，也正是搭了她們的便車，我才能跟著獲利。

其實我一直到最近，才有機會透過線下聚會和其他散戶交流，以前根本很少碰到可以聊股票的人，所以媽媽和太太的消息，對我來說彌足珍貴。她們有我欠缺的女性觀點，而媽媽這種不同年代的長輩，意見也有不少值得參考之處。

身為學生股友的前輩，我很推薦準備求職的同學們投資股票。我個人沒有上過班，但做個股的投資分析，能從中窺見很多企業的本質，而這些資訊，往往是從徵才資料或實習當中看不到的。

既然要找工作上班，當然想找未來能穩定成長的公司。只要是上市公司，就可以透過閱讀《四季報》和《決算短

信》，來了解該公司一路走來的成長軌跡。建議不妨試著從中看清自己想去的公司，在營收、獲利和資產等方面有沒有成長。

在《有價證券報告書》中，會列出員工的「平均年資」。平均年資偏短，僅有約三、四年的公司，就有可能是勞動環境惡劣的血汗企業。這種公司就算起薪稍高，進去後可能也會因為工作太辛苦，而讓人想馬上辭職。

同時，也可以從員工的平均年齡和薪資中，勾勒出更具體的印象，想像自己要在這家公司服務多久，就可領到多少薪資，所以很值得投資等。

有閒錢就多投資股票

相較其他先進國家，日本人的金融資產有一項特色，那就是「現金」占的比例高得出奇。我想有很多人都是薪水匯進帳戶後，就把現金擺著，日常開銷或卡費扣款等，都從同一個帳戶支出。

據說日本的個人金融資產多達 1,900 兆日元（約新台幣 475 兆元），其中有大約 1,000 兆日元（約新台幣 250 兆元）都是現金。

　　除了最低限度的生活開銷，我奉行全額投資主義，手邊幾乎不留現金。目前我持有的資產多半都是股票，因為在這個時代裡，現金和股票不同，現金不會為我創造任何新價值，所以我極力避免在手邊多留額外現金。

　　我也建議接下來才要開始投資股票的讀者，最好要有「把『閒錢』盡可能都投入股市」的決心。

　　所謂的閒錢，指的是「有或沒有都不會對生活造成影響的錢」。這些錢的來源大致可分為兩個方向。

　　第一個方向很單純，就是收入減去開銷之後的結餘。以上班族為例，薪水每個月都會匯進帳戶，只要公司業績沒有出現嚴重衰退，每年應該還是會循例發放兩次獎金。

　　從薪水和獎金等收入中，扣除開銷後，再減去為預防意外急難所保留的緊急生活費，以及想花在旅遊、興趣等方面的開銷，剩下的都可以用來投資股票。

　　第二個方向，就是靠省吃儉用存下來的錢。我是價值投資的信徒，所以平時就對東西的價值特別敏感，如果本質相同，我會提醒自己要盡量買最便宜的商品。例如買便當時，我就會鎖定在附近超市開始貼半價標籤的時段去採買。

　　我的大腦裡有一張清單，列出了附近各家超市會在什麼時候貼半價標籤。明明是相同內容的商品，只要稍晚一點買，就能用半價取得，我覺得實在是非常超值。

　　如此腳踏實地的節省生活開銷，固然重要，但如果想省更多，就該縮減通訊費、電費和保險費等固定費的開銷。

　　光是把智慧型手機的門號，從主要電信業者改為廉價行動通訊，一年就可以省下七、八萬日元；電費和瓦斯費也有提供優惠折扣的方案；重新檢視自己的保單，也能省下一些固定費開銷。

　　就算是覺得東摳西省很麻煩的人，只要想到這些省下來的錢，都可以拿來當作投資股票的本金，應該就能提高努力節省的動力。此外，如果投入的資金，是自己省吃儉用存的錢，未來即使在股市稍有損失，也能將心理上所受的衝擊降到最低。

不買房、不買車，更快財務自由

　　房子究竟是該「買屋自住」，還是該「租屋」？這個議題多年來一直備受討論。就我所看到的，價值投資人幾乎都是租屋派的擁護者。如前所述，買屋不僅不會創造利潤，還要付出維護成本、繳稅，甚至從買屋那一刻起，通常房屋的資產價值就已經開始下跌了。

　　能以高於新成屋時的價格轉賣脫手者，多半是位在東京

市中心黃金地段的物件，或是部分社區大樓的特例。附帶一提，我個人名下也沒有供住宅用的不動產。

倘若手上的閒錢很充裕，那還另當別論，如果是要辦房貸買房自住，我想還是應該審慎評估。

如今已是零利率時代，房貸利率也創下了有史以來的新低。所以年輕朋友即使自備款準備得不多，只要願意揹 35 年的房貸，還是可以買得起新成屋或透天厝。

建商總會用「每個月只要付和房租差不多的金額，就能買到住一輩子的好房」等說詞，吸引顧客買屋。然而，要是信了建商的那套花言巧語，每月都拿薪水來還房貸，就連獎金也要掏出來還錢，那麼可運用的資金就會大減，沒有多餘閒錢可以再拿出來投資。

此外，如果買的是社區大樓，屋齡超過 12 年後，就可能因為大規模修繕工程等因素，而要求住戶負擔額外費用等。若再考量到日本的房屋可能遭受到颱風和地震等天災侵襲，而投保保費高昂的保險，支出恐怕還會再攀升。

如果選擇租屋的話，就不必繳納固定稅金，更不需要再付林林總總的維護成本。日後，若工作環境出現變化，例如遠距上班成為主流，上班族不必天天出勤時，租屋族便可輕鬆搬家。萬一收入減少時，只要搬到房租更低的物件去，就能降低開銷。

　　用這樣積攢下來的錢投資股票，開始為自己累積資產，我認為是比較妥當的理財手法。

　　同樣地，我也建議最好別為了買車而申辦車貸。

　　汽車並不會創造收益，這一點和自用住宅一樣，幾乎可以說是在購買當下就已開始跌價[*]。而且車子和房子一樣，都有固定成本，例如稅金、驗車費、保險費和停車費等。

　　在大眾交通路網發達的都會區，就算自己不買車，生活上也不會有太多困擾。畢竟在當今社會，只要妥善運用共享汽車、租車或優步（Uber）等叫車服務，不買車也能過日子。

　　相較於早期社會，住高樓大廈、開進口車是身分地位象徵的觀念已大幅式微。我認為，揚棄跟風買房買車的觀念，先把閒錢拿來投資股票，才能讓我們的人生長路過得更豐富、充實。

股利再投入，打造複利系統

　　投資股票有時會有股息。我個人並沒有特別聚焦投資高

---

[*] 當然也有部分車款是像阿拉伯富豪買的那種古董車，越舊身價越看漲。在此姑且先排除這種特例。

配息的個股，不過一年還是能領到四、五百萬日元的配息。

有人把股票配息當作零用錢看待，但其實領股息後，也可以選擇不花用，當作追加投資用的銀彈。尤其在資產不多的階段，更不該把配息花掉，而是要優先拿來投資，為自己創造更多財富。我認為至少在股票資產累積到 300 萬日元前，宜將配息全都再投入股市。

儘管我個人的力量有限，但為了替振興在地經濟盡一份心力，所以我會把領到的配息都花掉。

假設一檔個股的配息有 5％，將股息拿來當加碼投資的資金，打造出一套複利投資系統的話，在不考慮稅的情況下，單純計算下來，十年投資的金額，就已相當於原本的62.8％。

配息可用來投資同一檔個股，也可以拿來當作買進其他個股的資金。

若能妥善運用「拿配息來加碼投資」的循環，就可以不必另外掏錢出來投資。

持股數量越多，配息金額就會等比例增加。因此只要把配息全都再投入同一檔個股，下次領到的配息金額就會隨之提高。

如果只看一、兩年，或許用配息加碼投資的金額，無法為我們帶來太多財富。不過，若以五年、十年，甚至是十五

年的長線來看，持續用配息加碼投資，建立複利投資循環的話，股票資產就會像滾雪球似地增加。

在資金有限時，願不願意把 5％的配息再拿來投資，說不定會大大地影響十年後股票資產的多寡。

無形提高投資績效的方法

2000 年網路泡沫瓦解後不久，我便開始鑽研價值投資的理論與實務。拜這兩項時機，過去長期有賺有賠的股票投資績效，在 2001 到 2002 年這段期間，竟大賺了一個波段。

於是我在匿名布告欄「第二頻道」*開了一個討論串，寫下「只要這樣操作價值投資，投資績效就會改善！」等內容。

起初完全沒人肯相信我，甚至還有很多人留言批評說：「大盤都跌得鼻青臉腫了，†怎麼可能讓你一個人賺那麼多。」

討論串開啟後兩、三天，留言就超過了一千則，討論相當熱烈。不過我覺得這樣的討論沒有交集，後來便決定不再開新的討論串。

---

* 2 channel，日本最受歡迎的網路社群。現已更名為「第五頻道」。
† 2001 年時，日經平均跌了 23.5％，2002 年則下跌 18.6％。

　　「該怎麼做才會有人相信我？」煩惱了好一陣子後，我決定在「Yahoo！留言板」[*]上，每天貼出自己買、賣，以及持有的個股。

　　從 2001 年起，每天都會把自己的現金部位和股票資產等數據，輸入 Excel 管理；2003 年後，我乾脆把明細全都原封不動地公布在網路上。如今很多人都有部落格或推特等發表意見的平台，可是當年只有「留言板」這樣的管道，數據一經公布，就會留下證據，後續無法擅自竄改，我心想這樣做，大家總會相信我了吧。

　　我一心只想贏得網友們的信任，便決定公布自己的投資操作，沒想到後來竟有了意想不到的效果——我的投資績效居然變好了。

　　以往我總是抱持「不知道會漲還是會跌，總之就買買看」的心態，東一點、西一點地買了好多檔個股。然而，當投資績效要拿出來攤在陽光下後，就會開始覺得自己不能再這麼大意。所以我變得只買經過自己深入、客觀分析，絕對有把握的個股。

　　人都會想忘記對自己不利的事，想當作一切都沒發生過。我沒有選擇這樣做，而是不管成功、失敗，全都拿出來

---

[*]　現已更名為 Yahoo！財經留言板。

攤在世人面前，學會坦然承認失敗，並提醒自己下次別再重蹈覆轍。

其實在投資股票時，「極力減少失敗或疏失」會比「怎麼賺大錢」更重要。說得極端一點，即使過去一百次投資決策的戰績是九十九勝一敗，還是有人資產由正轉負，最後以破產收場。

所以我認為，公布自己的投資資訊，也是有效減少投資失敗或疏失的好方法。

公開揭露自己的投資績效後，我學會用客觀的角度來檢視自己的投資決策，改正了很多自以為是的偏誤，這些才是我投資績效得以改善的真正原因。

散戶大多是孤軍奮戰，身邊找不到可以商量的對象，於是投資操作便容易自成一派、自行其是。為避免讓自己走上這樣的偏鋒，我更謹慎地檢視自己的投資決策，從客觀的角度來看自己的投資是否是合理、有邏輯的操作，沒有受到扭曲的偏誤影響。

整天待在房間裡，沒人看見時，我們很容易只穿著居家服、不修邊幅，一旦出了門，我們就會在意別人的眼光，留意自己的穿著打扮不能隨便。同樣地，公布自己的投資績效後，提升了我對價值投資的意識，進而改善了我的績效。

如果讀者接下來打算投入股市，那麼利用部落格或推特

等社群媒體，公布自己的交易明細，說不定有助於提升投資績效。

目前，我除了部落格，還會在推特、TwitCasting[*]上發布消息。

若我不主動發布資訊，當然就不會有人理我。在這些自媒體上發文、更新一段時間之後，我與股友有了更多交流的機會。

透過這些交流互動，我學到了很多，接收到的資訊數量與質量，也都出現了變化。我切身地感受到自己的投資功力又更上一層樓。

在這些交流中，的確有些人對我惡言相向，不過我是個凡事都積極以對、正向思考的人，所以我只想著，有人罵就表示很受關注，我得要更認真鑽研股票，以免再被批評！

即使出現一些批評，但我的判斷究竟是對是錯，相信時間都會證明。不論再多正反兩方的激烈交鋒，最後的勝負、成敗，都會有明確的結果。這也是投資股票有意思的地方。

在 2020 年因為疫情所引發的股災中，有人在網路上抨擊我說：「股千可能要破產囉！」引發了一連串的攻訐漫罵。雖然我 2020 年度的投資績效是虧損狀態，不過我認為

---

[*] 由日本的 Moi 股份有限公司推出的網路直播平台，使用人數已逾三千萬。

表 6-1　2001 年起，各大指數的表現推移

	股票投資獲利	獲利因子	日經平均	TOPIX	JASDAQ	東證二部	MOTHERS	標普 500	配息
2001 年	4,942,065	81.1%	-23.5%	-19.6%	-12.9%	-12.1%		-13.0%	
2002 年	3,260,965	29.5%	-18.6%	-18.3%	-18.3%	-12.8%		-23.4%	
2003 年	7,046,117	48.1%	24.5%	23.8%	75.4%	43.9%	31.9%	26.4%	
2004 年	17,516,302	80.7%	7.6%	10.1%	33.8%	40.9%	30.6%	9.0%	
2005 年	21,945,285	64.1%	40.2%	44.7%	44.1%	71.4%	47.7%	3.0%	
2006 年	9,202,718	22.0%	6.9%	1.0%	33.8%	-19.3%	-56.3%	13.6%	509,600
2007 年	3,536,744	10.0%	-11.1%	-12.2%	-16.3%	-21.3%	-29.5%	3.5%	645,751
2008 年	-6,346,665	-15.6%	-42.1%	-41.7%	-36.9%	-40.8%	-58.7%	-38.5%	812,740
2009 年	14,869,319	40.9%	19.0%	5.6%	7.7%	6.6%	28.7%	23.5%	1,044,540
2010 年	20,851,230	41.9%	-3.0%	-0.9%	6.6%	6.8%	4.1%	12.8%	1,347,346
2011 年	22,538,235	35.4%	-17.3%	-18.9%	-6.0%	-4.4%	-8.6%	0.0%	1,812,510
2012 年	31,616,726	44.5%	22.9%	18.0%	19.8%	17.3%	2.6%	13.4%	2,007,389
2013 年	78,524,802	78.5%	56.7%	51.5%	45.3%	44.2%	137.2%	29.6%	4,291,375
2014 年	36,755,274	24.4%	7.1%	8.1%	15.1%	23.0%	-5.2%	11.4%	3,025,803
2015 年	44,638,855	31.2%	9.1%	9.9%	12.0%	7.7%	-2.5%	-0.7%	2,780,994
2016 年	50,984,500	28.4%	0.4%	-1.9%	3.5%	10.6%	6.3%	9.5%	2,634,050
2017 年	32,019,826	15.2%	19.1%	19.6%	39.1%	44.2%	30.7%	19.4%	3,514,800
2018 年	13,790,090	6.6%	-12.1%	-17.8%	-18.7%	-14.3%	-34.1%	-6.4%	5,197,300
2019 年	96,208,862	45.8%	18.2%	15.2%	19.5%	16.6%	10.5%	28.5%	4,999,200
累計	503,900,950	8173.7%	71.6%	34.1%	208.9%	275.2%	-10.6%	147.4%	34,623,398

這是個絕無僅有的進場良機，所以仍持續加碼買進價值股。

　　或許是這個決定有了回報，我所有持股的完整淨值，成長到 6 億 789 萬日元（2020 年 10 月 18 日統計數字），創下前所未有的新高。相信這樣的表現，遲早會反映到股價上。我懷著這份期待，繼續抱緊持股。

結語
你不只是投資人，更是公司股東

　　不是我自誇，其實陸續都有一些邀約找上門，問我「要不要出一本投資理財的書？」「要不要開一個收費的線上社團？」

　　儘管對方總是說：「只要股千老師肯出馬，絕對熱賣！」但面對這些邀約，以往我都是客氣地婉拒，因為我在想，自己這些年的投資經驗，真的能幫助別人嗎？我沒上過班，就連打工經驗也沒有，只是個自學投資的散戶，真的有人願意相信我說的話嗎？

　　可喜的是，網路上有越來越多人願意肯定我：「股千講的很有趣」、「他說得很有道理」等。這些意見，在我猶豫該不該出書的時候，推了我一把。

　　此外，我會寫這本書，其實還有另一個原因。我認為目前日本經濟與社會，都彌漫著一股沉悶感。

　　少子、高齡化的趨勢一路加速，不曾片刻停下腳步；世代間的貧富差距越來越大；城市街頭整排店面都拉下鐵門，空屋與日俱增。

　　日本經濟如此低迷不振，該拚命挑起大梁的中流砥柱，

我覺得莫過於企業，以及在企業裡辛勤工作的人了。日本的產業以製造業為主軸，即使用國際標準審視，還是有許多堪稱優秀的企業，而這些企業的股票，大多在外資手上。

股東就是企業的老闆，因此這些力爭上游的日本企業，如今有三分之一都是歸外資所有。例如超級績優企業基恩斯（Keyence），外資持股比例約為 49％，迪思科則為 36％前後。至於最早讓全世界見識到日本製造業卓越實力的索尼，外資的持股占比約為 57％。

我認為現在正是日本人買進日股，成為日本企業的股東，更大力地為日本企業加油打氣的關鍵時刻。

放眼全球，日本的銀行存款、國債和債券，利率都低得出奇，很難從中獲利。而在這些投資工具中，唯一一種有望賺得高額利潤的方法，就是投資股票。

可是，日本人迄今仍對投資股票相當戒慎恐懼。觀察美國民眾的金融資產結構，可發現股票的占比約為 33％，但日本人卻不到 10％。[*]

外資在日本股市的持股比例會這麼高，除了因為上市公司交叉持股的情況已逐漸降溫，另一個關鍵因素，就是日本

---

[*] 資料來源：日本銀行調查統計局《歐、美、日之資金流量比較》，2020 年 8 月 21 日。

人不願持有日本企業的股票。

在安倍經濟學的大旗下，日本政府祭出了前所未有的超級寬鬆政策，日本銀行不斷地印著日本銀行券（鈔票）。然而，根據一項試算指出，市面上流通的這些鈔票，恐怕有五成都變成了所謂的「衣櫃存款」。

只要民眾願意拿出一定成數的衣櫃存款來投入股市，股市裡的散戶增加，日本股市就會熱絡起來，引發股價上漲所帶來的籌碼效應（Asset Effect），投資人也能從中賺得高額獲利。

我認為，要讓購買企業商品或服務的顧客、在企業任職的員工，以及經營團隊的利害一致，就要請大家都來買股票，成為公司的股東。

每個人都會為自己說話，顧客希望產品賣得更便宜，員工想要更好的薪資福利，經營團隊也想要求更高的董監酬勞等。

畢竟每個人立場不同，會提出不同的要求，也是很理所當然的。不過我也相信，如果大家都成了公司的股東，利害關係就能達到一致。如此一來，資金就能變成流動的市場活水，開創出活化日本經濟、社會的契機。

如果能讓股市裡的散戶變多，進而推動日本經濟成長的話，上市公司的總市值就會更向上攀升，讓散戶也賺得荷包

滿滿。散戶賺飽了荷包後，若能再加碼投資，或加大個人消費的力道，就能創造出經濟的良性循環。

　　作為一名全職投資人，今後我仍會持續透過資訊傳播的方式，盡一份棉薄之力，協助日本社會打造合適環境，以發展經濟的良性循環。

采實文化 **采實文化事業股份有限公司**

104台北市中山區南京東路二段95號9樓

采實文化讀者服務部　收

讀者服務專線：02-2511-9798

全職存股，不上班
10萬變1億

**日本傳奇股民投資「划算股」，
資產翻千倍的不工作投資術**

股千(kabu1000)——著　張嘉芬——譯

貯金40万円が株式投資で4億円──
元手を1000倍に増やしたボクの投資術

系列：翻轉學系列077

書名：**全職存股，不上班10萬變1億**

讀者資料（本資料只供出版社內部建檔及寄送必要書訊使用）：

1. 姓名：

2. 性別：□男　□女

3. 出生年月日：民國　　　年　　　月　　　日（年齡：　　　歲）

4. 教育程度：□大學以上　□大學　□專科　□高中（職）　□國中　□國小以下（含國小）

5. 聯絡地址：

6. 聯絡電話：

7. 電子郵件信箱：

8. 是否願意收到出版物相關資料：□願意　□不願意

購書資訊：

1. 您在哪裡購買本書？□金石堂　□誠品　□何嘉仁　□博客來
　　□墊腳石　□其他：＿＿＿＿＿＿＿＿＿＿＿＿（請寫書店名稱）

2. 購買本書日期是？＿＿＿＿年＿＿＿＿月＿＿＿＿日

3. 您從哪裡得到這本書的相關訊息？□報紙廣告　□雜誌　□電視　□廣播　□親朋好友告知
　　□逛書店看到　□別人送的　□網路上看到

4. 什麼原因讓你購買本書？□對主題感興趣　□被書名吸引才買的　□封面吸引人
　　□內容好　□其他：＿＿＿＿＿＿＿＿＿＿＿＿＿＿＿＿＿（請寫原因）

5. 看過書以後，您覺得本書的內容：□很好　□普通　□差強人意　□應再加強　□不夠充實
　　□很差　□令人失望

6. 對這本書的整體包裝設計，您覺得：□都很好　□封面吸引人，但內頁編排有待加強
　　□封面不夠吸引人，內頁編排很棒　□封面和內頁編排都有待加強　□封面和內頁編排都很差

寫下您對本書及出版社的建議：

1. 您最喜歡本書的特點：□實用簡單　□包裝設計　□內容充實

2. 關於商業管理領域的訊息，您還想知道的有哪些？

＿＿

＿＿

3. 您對書中所傳達的內容，有沒有不清楚的地方？

＿＿

＿＿

4. 未來，您還希望我們出版哪一方面的書籍？

＿＿

＿＿

MEMO

翻轉學 翻轉學系列 077

全職存股，不上班 10 萬變 1 億

日本傳奇股民投資「划算股」，資產翻千倍的不工作投資術

貯金 40 万円が株式投資で 4 億円──元手を 1000 倍に増やしたボクの投資術

作　　　者	股千（kabu1000）
譯　　　者	張嘉芬
總 編 輯	何玉美
主　　編	林俊安
責任編輯	袁于善
封面設計	張天薪
內文排版	黃雅芬

出版發行	采實文化事業股份有限公司
行銷企畫	陳佩宜・黃于庭・蔡雨庭・陳豫萱・黃安汝
業務發行	張世明・林踏欣・林坤蓉・王貞玉・張惠屏・吳冠瑩
國際版權	王俐雯・林冠妤
印務採購	曾玉霞
會計行政	王雅蕙・李韶婉・簡佩鈺
法律顧問	第一國際法律事務所　余淑杏律師
電子信箱	acme@acmebook.com.tw
采實官網	www.acmebook.com.tw
采實臉書	www.facebook.com/acmebook01

I S B N	978-986-507-632-0
定　　價	350 元
初版一刷	2022 年 1 月
劃撥帳號	50148859
劃撥戶名	采實文化事業股份有限公司
	104 台北市中山區南京東路二段 95 號 9 樓
	電話：(02)2511-9798　傳真：(02)2571-3298

國家圖書館出版品預行編目資料

全職存股，不上班 10 萬變 1 億：日本傳奇股民投資「划算股」，資
產翻千倍的不工作投資術 / 股千（kabu1000）著；張嘉芬譯 . – 台北市：
采實文化，2022.1
240 面 ; 14.8×21 公分 . --（翻轉學系列；77）
譯自：貯金 40 万円が株式投資で 4 億円──元手を 1000 倍に増やし
　　　たボクの投資術
ISBN 978-986-507-632-0（平裝）

1. 股票投資 2. 投資技術 3. 投資分析

563.53　　　　　　　　　　　　　　　　　　　　110019917

翻轉學

翻轉學